W0355586

Les messages de l'ego

Catalogage avant publication de Bibliothèque et Archives nationales du Québec et Bibliothèque et Archives Canada

Bolduc, Line

Les messages de l'ego
(Collection Croissance personnelle)
ISBN 978-2-7640-1724-1

1. Moi (Psychologie). 2. Réalisation de soi. 3. Maîtrise de soi. I. Titre. II. Collection : Collection Croissance personnelle.

BF697.B64 2011 155.2 C2011-940256-4

© 2011, Les Éditions Quebecor
Une compagnie de Quebecor Media
7, chemin Bates
Montréal (Québec) Canada
H2V 4V7

Tous droits réservés

Dépôt légal : 2011
Bibliothèque et Archives nationales du Québec

Pour en savoir davantage sur nos publications, visitez notre site : www.quebecoreditions.com

Éditeur : Jacques Simard
Conception de la couverture : Bernard Langlois
Photo de la couverture : Martin Savoie
(info@martinsavoie.com)
Conception graphique : Sandra Laforest
Infographie : Claude Bergeron

Imprimé au Canada

DISTRIBUTEURS EXCLUSIFS :

- Pour le Canada et les États-Unis :
  MESSAGERIES ADP*
  2315, rue de la Province
  Longueuil, Québec J4G 1G4
  Tél. : (450) 640-1237
  Télécopieur : (450) 674-6237
  * une division du Groupe Sogides inc., filiale du Groupe Livre Quebecor Média inc.

- Pour la France et les autres pays :
  INTERFORUM editis
  Immeuble Paryseine, 3, Allée de la Seine
  94854 Ivry CEDEX
  Tél. : 33 (0) 4 49 59 11 56/91
  Télécopieur : 33 (0) 1 49 59 11 33

  Service commande France Métropolitaine
  Tél. : 33 (0) 2 38 32 71 00
  Télécopieur : 33 (0) 2 38 32 71 28
  Internet : www.interforum.fr

  Service commandes Export – DOM-TOM
  Télécopieur : 33 (0) 2 38 32 78 86
  Internet : www.interforum.fr
  Courriel : cdes-export@interforum.fr

- Pour la Suisse :
  INTERFORUM editis SUISSE
  Case postale 69 – CH 1701 Fribourg – Suisse
  Tél. : 41 (0) 26 460 80 60
  Télécopieur : 41 (0) 26 460 80 68
  Internet : www.interforumsuisse.ch
  Courriel : office@interforumsuisse.ch

  Distributeur : OLF S.A.
  ZI. 3, Corminboeuf
  Case postale 1061 – CH 1701 Fribourg – Suisse

  Commandes : Tél. : 41 (0) 26 467 53 33
  Télécopieur : 41 (0) 26 467 54 66
  Internet : www.olf.ch
  Courriel : information@olf.ch

- Pour la Belgique et le Luxembourg :
  INTERFORUM BENELUX S.A.
  Fond Jean-Pâques, 6
  B-1348 Louvain-La-Neuve
  Tél. : 00 32 10 42 03 20
  Télécopieur : 00 32 10 41 20 24

Gouvernement du Québec – Programme de crédit d'impôt pour l'édition de livres – Gestion SODEC.

L'Éditeur bénéficie du soutien de la Société de développement des entreprises culturelles du Québec pour son programme d'édition.

Nous reconnaissons l'aide financière du gouvernement du Canada par l'entremise du Fonds du livre du Canada pour nos activités d'édition.

LINE BOLDUC

Les messages de l'ego

Paix, amour et joie, ici et maintenant

LES ÉDITIONS
Quebecor
Une compagnie de Quebecor Media

à se dégager de plus en plus de notre corps de souffrance, c'est possible. Je n'écris pas ce livre par hasard, j'ai eu à expérimenter grandement ces facettes de ma personnalité et c'est une question de santé un jour qui m'a poussée à me tourner vers l'intérieur ; et comme tout un chacun, je continue de pratiquer au jour le jour.

J'observe mes propres agissements et laisse le miroir des autres m'inspirer au besoin, tout en restant le plus possible détachée du jugement. C'est un champ de pratique constant pour tout le monde, cette belle aventure, et j'en fais partie. On se doit de rester dans l'accueil et non dans la critique, que ce soit face à nous-mêmes ou face aux autres. Ces mécanismes qui activent les souffrances sont très inconscients pour bien des gens, et je n'ai aucunement la prétention de pouvoir pour l'instant tout dégager. Mais pour avoir vécu des expériences douloureuses et percutantes, comme chacun de vous j'ai appris à en tirer des apprentissages qui m'ont permis de décanter grandement mon passé et enfin de me sentir libre de l'intérieur. La vie est alors vécue beaucoup plus consciemment, profondément, dans la joie et la douceur.

Apprendre à mieux comprendre nos réactions, c'est une richesse sur la voie de l'évolution et de la liberté intérieures. Reconnaître les jeux de l'ego en soi et chez les autres nous fait avancer beaucoup plus facilement et avec détachement face aux misères inutiles.

Est-il plus important d'être que de paraître ? Sur quelles valeurs basons-nous notre existence ? Échangeons-nous notre vie contre de l'argent ? Le stress envahit-il le quotidien ? Y a-t-il de la joie, de la légèreté dans ce que nous faisons et dans ce que nous sommes ? Et on pourrait continuer longtemps ces questionnements fondamentaux.

Apprendre à revenir à soi, à parler et à penser avec son cœur plutôt qu'avec sa tête trop souvent, quel bonheur ! Adoucir son quotidien par des prises de conscience particulières, tant sur le plan personnel que sur les plans professionnel, émotionnel, spirituel, rationnel, c'est possible et c'est ce que je vous propose.

En arriver à vivre bien branché à soi, comme on dit, au lieu d'être stressé et éparpillé, ça fait tellement de bien. Faire un plongeon sensible et révélateur au cœur de soi, avec douceur et compassion, eh bien voilà ce que vous réserve l'outil que vous tenez entre vos mains actuellement.

À mon humble avis, le contenu de ce livre peut apporter de grandes transformations positives. Les prises de conscience suggérées visent à être une douceur pour le cœur et s'appliquent à chaque instant de la vie. J'espère sincèrement vous aider à mieux comprendre votre parcours pour que le chemin accompli à ce jour devienne un tremplin digne de l'état de joie souhaité.

Je vous invite à prendre ce qui est bon pour vous et à laisser le temps décider du reste. Il se peut même que votre ego réagisse et c'est tant mieux, car il est alors mis en lumière. Alors, bonne lecture et laissez-vous bercer par le langage du cœur qui imprégne ces pages du début à la fin.

1

CHAPITRE

Bienvenue dans ce voyage au cœur de soi

Avant de rentrer dans le vif du sujet, c'est-à-dire l'ego, la paix, l'amour et la joie, permettons-nous ces quelques réflexions.

Esprit conscient et inconscient

Faisons ensemble un petit survol de ce monde fascinant. L'esprit conscient pense, raisonne, représente notre libre arbitre, accepte ou rejette une idée, etc. Nous le savons, les pensées que nous entretenons finiront par influencer le cours de notre existence, c'est une loi de la vie. C'est plaisant de savoir qu'avec un certain entraînement il est possible de diriger nos pensées vers notre idéal de bonheur. L'esprit conscient est puissant, mais plus limité que l'inconscient.

Eh oui, l'inconscient est beaucoup plus spectaculaire. On le compare à la partie spirituelle en nous. Il se divise en deux : le subconscient, soit notre disque dur, notre base de données qui contient tout ce que nous avons vécu, tant en termes de souvenirs, de connaissances que d'émotions ; puis nous avons l'intelligence supérieure, notre partie spirituelle, universelle.

L'inconscient est sans limites, sauf celles qu'on détermine consciemment avec le mental, l'ego. Quant à notre subconscient, on y retrouve l'image que l'on a de soi, ses croyances; il est présent en chaque cellule de notre corps. On n'est pas habitué d'entendre ça. Le subconscient est la partie du cerveau qui est connectée à notre intelligence spirituelle innée. Celle-ci est en lien avec la source, avec l'intelligence infinie ou avec Dieu, selon ce qui correspond à vos croyances.

Le subconscient est totalement dans le moment présent. Il est intemporel. Il accumule expérience par-dessus expérience, conserve les apprentissages, contrôle les fonctions automatiques du corps (digestion, cœur, etc.), ce qui le rend présent dans le corps. Je ne suis pas médecin, donc je me fais brève sur ce sujet. Je tente juste de rendre la perception de notre monde intérieur plus facile dans des mots simples.

Le subconscient n'a pas le sens de l'humour, il ne peut faire la différence. Par exemple, si vous répétez: «Je suis vraiment pauvre», il le croit et le reçoit comme une commande en quelque sorte, même si vous le dites à la blague.

D'où la force de notre esprit – le conscient aussi – qui choisit de redéfinir ce qu'on veut garder ou pas en dedans de soi. Quand on ressent l'effet de souvenirs, de croyances ou d'émotions difficiles, on peut revoir nos réactions avec l'œil de la personne qu'on est devenue aujourd'hui; ce sont nos nouvelles compréhensions. On a le pouvoir de passer la commande consciemment en choisissant maintenant ce qu'on y laisse entrer, et le subconscient exécute cette commande. C'est un fidèle serviteur. Si on ne supervise pas notre vie, nos pensées, on y sème mille et une choses plus ou moins bonnes et les résultats s'ensuivent proportionnellement. Heureusement, bien du positif aussi se vit.

Nous sommes capables de prendre consciemment la décision de modifier ce qui se loge dans notre subconscient, de changer le vieux disque devenu inutile, de le retirer et le remplacer par une donnée porteuse d'avancement heureux. Tout un cadeau à se faire!

L'esprit conscient n'est que la pointe de l'iceberg de notre potentiel. Lorsque nous nous limitons à fonctionner sur le plan mental surtout, soit le plan conscient, nous nous limitons à un très haut niveau, car le conscient est beaucoup plus lent que l'inconscient.

D'où l'importance de créer de l'espace au jour le jour pour se connecter à soi, à sa source véritable. Apprendre à exploiter le potentiel de notre inconscient, c'est se donner une grande renaissance, c'est enfin pouvoir vibrer à un plus haut potentiel. J'ai le bonheur d'enseigner ces notions dans mes conférences, mes séminaires de formation et par mes livres depuis plusieurs années et je savoure ce cadeau de vie. Je sens profondément que c'est ma voie, la raison pour laquelle je suis ici, dans ce monde physique. C'est tellement fort, c'est un élan du cœur incontournable, ma passion.

Puisque vous êtes en train de lire ces pages, c'est parce que vous êtes de cette famille de gens qui savent ce qu'ils sont et qui œuvrent à le faire fleurir de plus en plus, pour soi et pour aider l'humanité, et je vous en félicite grandement. Merci de partager ce moment avec moi.

En prenant du temps chaque jour pour soi, au moment de s'endormir ou au réveil par exemple, on solidifie notre lien avec notre essence profonde, on devient à l'écoute de soi et de ce qui est. L'ensemble de ce livre vous aidera à faire cette connexion avec l'inconscient. Il se veut dénué de techniques, valorisant l'art de devenir présent à soi. Le seul fait d'écrire ce livre m'a profondément aidée moi-même à comprendre et à ressentir encore plus de choses et à continuer de grandir sur cette route remplie de découvertes.

Notre subconscient peut nous amener là où on veut; à nous de le guider de la bonne façon. Oser observer le silence, regarder ce qui est, permettre aux belles et moins belles choses de remonter. C'est là que les souvenirs remplis d'émotions difficiles peuvent devenir conscients, et la porte de la libération vient alors de s'ouvrir. Ça prend une petite poussée pour finir de sortir le tout et ce livre vous aidera à marcher dans cette avenue.

En se reliant au subconscient, à notre intelligence supérieure, on accélère la venue de nos résultats, on se comprend mieux et on commence à utiliser la loi d'attraction avec une meilleure efficacité et pour un plus grand bien. Avant de vous présenter des données surprenantes, voici un exemple vécu récemment et en lien avec la connexion avec mon subconscient.

J'arrivais à la fin de l'écriture de ce livre, je devais envoyer le manuscrit à mon éditeur dans les 48 heures et j'hésitais encore pour le titre et le sous-titre. Il m'est arrivé de me réveiller la nuit pour penser à ça et écrire des idées sur des bouts de papier. Et puis, après deux ou trois jours de réflexion intense, ma petite voix m'a parlé. J'ai senti que je devais mettre cette façon de faire de côté, puisqu'elle ne m'avait pas apporté de solution. Un soir, en me couchant, j'ai demandé à mon intelligence supérieure de me révéler le titre et le sous-titre à mon réveil le lendemain matin, avec la foi que ça fonctionnera.

J'ai aussi poussé plus loin. J'ai joué sur deux fronts, en fait. Même si ça peut vous paraître un peu farfelu, j'ai joué à demander intérieurement à mon livre comment il voulait s'appeler. Il représente une énergie en soi, si on pousse sur le plan quantique, mais ce n'est nullement le but ici. Eh bien, croyez-le ou non, à mon réveil je me suis levée pour aller à la salle de bain, et en parcourant le court trajet, le sous-titre m'a été révélé. Ensuite, en me recouchant pour le plaisir de faire la grasse matinée en ce beau dimanche matin, le titre m'est aussitôt arrivé à l'esprit, mais les deux émanant du niveau supérieur et non du mental qui, lui, n'y était pas arrivé. La sensation agréable me faisant savoir que c'était bien ça était intuitivement indiscutable. Je parle de comment ressentir cette connexion dans un autre chapitre.

Je vous souhaite d'innombrables belles histoires comme ça, et observez un peu à quel point vous en comptez déjà beaucoup à votre actif. Le problème, c'est qu'il arrive qu'on ne prête pas assez attention à tous ces cadeaux. L'intuition est active, mais parfois elle n'est pas assez stimulée pour être reconnue comme une alliée bien présente.

J'ai trouvé récemment des données[1] qui m'ont grandement surprise.

L'esprit conscient possède :

- une mémoire à court terme ;
- une capacité limitée de traitement ;
- la capacité de traiter de un à trois événements en même temps ;
- des impulsions qui voyagent entre 195 et 225 km/h ;
- la capacité de traiter une moyenne de 2000 bits d'information par seconde.

L'esprit inconscient possède :

- une mémoire à long terme (expériences passées, attitudes, valeurs et croyances) ;
- une capacité élargie de traitement ;
- la capacité de gérer des milliers d'événements en même temps ;
- des impulsions qui voyagent à plus de 160 000 km/h ;
- la capacité de traiter une moyenne de 4 000 000 000 bits d'information par seconde.

Alors, voilà pourquoi je vous invite à ce merveilleux voyage au cœur de soi, en plongeant dans ce que vous avez de plus beau, votre cœur. Tout au long de ce livre, vous serez invité à parcourir un monde merveilleux, votre monde, sous le soleil d'une conscience qui illumine l'existence.

---

1. Jack Canfield et D. D. Watkins, *La clé pour vivre selon la loi d'attraction*, Véga, Paris, 2008.

Douceur pour le cœur

En trouvant la pensée qui suit, j'ai eu un message bien spécial. J'avais donné le titre « Douceur pour le cœur » à toutes ces pensées inspirantes qui se retrouvent à la fin de chaque chapitre. Je les avais toutes, sauf cette pensée particulière que je souhaitais pour le début de ce livre. En la voyant, j'ai bondi de bonheur intérieurement, et en lisant le titre du texte, je me suis mise à rire. Je vous en garde la surprise au bas de ce texte qui parle tellement.

C'est ce que j'appelle les petits « coucou » de la vie qui nous font savoir que ce qui arrive est juste et parfait. Ce message vous donnera un aperçu de ce qui sera mis en valeur du début à la fin de ce livre.

Je me choisis

Je ne veux plus me nier, nier mes sentiments,
mes besoins, mes attentes.
Je veux être respectée, écoutée, entendue.
J'ai le droit de respirer, de me dire.
J'ai le droit de dénoncer, de penser, de crier.
J'ai le droit d'exister.

Je veux vivre debout, être en paix avec moi-même.
Je veux grandir, changer, m'aimer.
Je veux rêver, rire, m'épanouir.
J'ai besoin d'air, j'ai besoin de m'écouter.
J'ai besoin de décider pour moi, avec moi,
en fonction de mes besoins à moi,
de ce que je veux faire de ma vie.

J'en ai marre de vivre en fonction
des autres pour être aimée.
J'en ai marre de faire des courbettes pour
acheter la paix ou ne pas être seule.

Je choisis de vivre, de vivre ma vie.
Je choisis de vivre mes sentiments,
mes émotions, mes rêves, mes espoirs.

Je veux me vivre jusqu'au bout, telle que je suis.
Je me réserve le droit d'essayer, de me tromper,
de recommencer, d'essayer encore et de réussir.

Pendant la transition, j'accepte
ma souffrance, ma déception.
J'accepte mon insécurité, mon désespoir.
J'accepte ma colère contre les autres.
On ne m'avait rien promis.

J'accepte ma colère contre moi,
de m'être si longtemps niée et oubliée.
Je suis en sevrage, car je sais qu'avec
le temps ces sentiments vont s'atténuer
et disparaître, remplacés par le pardon.

Je sais qu'avec le temps mon cœur
va guérir d'avoir mal aimé.
Et peut-être qu'avec le temps j'oserai à nouveau
tenter l'expérience d'aimer et d'être aimée[2].

2. Nicole Charest, *Petites douceurs pour le cœur,* www.lespasseurs.com.

Sourire, ça fait du bien !

Paul, 3 ans et demi, regarde sa maman enlever les croûtes de pain tout autour des rôties de sa grande sœur. Paul demande alors à sa mère : « Maman, puis-je avoir les pelures ? »

CHAPITRE 2

Reconnaître et apprivoiser l'ego

Comment définir l'ego ? Certains diront que c'est notre mental, d'autres notre personnalité, d'autres nos mécanismes de défense ou encore notre corps de souffrance qui s'expriment. Pour d'autres encore, ce sera notre besoin de contrôle. En fait, ne serait-ce pas un peu tout ça ? L'ego est en fait une facette de notre personnalité qui nous pousse à agir plus avec la tête qu'avec le cœur. Il est bien utile à notre cheminement, mais il peut grandement nous nuire si on le laisse nous dominer.

Vous remarquerez que tout au long de ce livre je vais fréquemment revenir sur la notion de conscience, de présence à soi, de non-jugement, de l'importance de s'observer agir, de s'accueillir, etc. Cela est assez important pour qu'on se donne la chance de reconnaître ce qui nous fait mal, d'en prendre conscience tout en douceur.

Voici un portrait assez cru et concis des caractéristiques dominantes de l'ego qui tient compte du fait qu'il est la partie profonde de notre mental, de nature plutôt superficielle, matérialiste, rationnelle, analytique, conditionnée, etc.

Pour survivre, l'ego peut se manifester par le besoin :

- de dualité ;
- d'avoir raison ;
- d'argumenter ;
- de dénigrer ;
- de sentir qu'il a plus que les autres ;
- de se vanter ;
- d'avoir de l'attention ;
- de se sentir spécial ;
- d'avoir de l'opposition ;
- de reconnaissance ;
- de distinction ;
- de contrôle ;
- de comparaison ;
- d'un sentiment de supériorité ;
- de contrariété ;
- de classifier ;
- de mentir pour se protéger ou se rehausser ;
- de faire sentir l'autre coupable ;
- d'un sentiment de division ;
- de pitié et de sympathie ;
- d'entretenir le mal-être ;
- d'être dans le pour ou le contre, dans le correct ou l'incorrect
- dans certains cas de se revaloriser au contact de personnes connues, etc.

On le reconnaît aussi quand :

- il croit savoir ce qu'il faut penser ;
- il aime avoir réponse à tout ;
- il boude ou s'ennuie si l'autre ne s'occupe pas de lui ;
- il juge de la façon juste de faire telle ou telle chose, de se vêtir, de se nourrir, de regarder les autres, de parler, et j'en passe.

À lire tout ça, vous vous dites peut-être que ça n'a pas de sens, que c'est quasiment monstrueux, ou alors vous avez le goût d'en rire et d'aller voir plus loin. C'est ce que je vous propose. D'en rire, pas avec mépris, mais dans l'ouverture de l'accueil, avec le sourire du cœur qui veut se libérer de certaines choses qui ont pu empêcher ce sentiment intérieur de paix, d'amour, de joie et de légèreté si légitime.

Le moi, le je et l'ego

L'ego est comme un instinct qui ramène au « moi-je », comme une forme d'énergie parallèle au vrai soi qui ose prendre un peu trop de place. Si c'est le cas, ce n'est pas notre être profond qui dirige notre vie, mais notre ego. Si on néglige de faire le point en soi, on laisse le brasier des émotions difficiles et des souffrances nous consumer.

La vraie flamme intérieure porteuse de sérénité ne peut avoir d'ego. Dans la vie courante, il s'agit de le regarder avec détachement sans s'y identifier. Rien ne sert de le haïr, car bien accueilli, il nous aide grandement à avancer. Nous avons la chance de permettre à notre force intérieure de le réguler au lieu de le mépriser. En arriver à comprendre la noblesse de notre essence et à faire place à ce soleil intérieur capable d'illuminer notre devenir fait en sorte qu'on n'a nul besoin de prouver quoi que ce soit.

Dans cet état, on « est », tout simplement. La partie de nous qui critique, par exemple, n'est pas nous, mais une marionnette que nous laissons agir. La conscience de ce qui est nous permet de sortir de ce labyrinthe et de favoriser une communication qui émerge du cœur et non uniquement de la tête. Le mental est majoritairement l'outil de fonctionnement social dominant. Mais qu'advient-il des autres niveaux de notre esprit, soit le subconscient et l'intelligence supérieure ?

On l'a vu, le subconscient, c'est un peu comme notre disque dur interne où tout ce que nous avons vécu est enregistré, et d'où découlent nos comportements, croyances, etc. L'intelligence supérieure, c'est notre intuition, notre créativité, le divin en nous, tout ce qui nous vient de notre essence pure, de la source pour ainsi dire. Malheureusement, c'est avec ça que les gens jouent le moins alors que c'est à ces niveaux que se crée le réel pouvoir menant au bonheur.

Un vent de changement

Réaliser à quel point on fonctionne souvent en mode automatique est une clef absolument géniale pour se libérer de ses chaînes intérieures. On veut que quelque chose change dans notre vie, alors on doit changer quelque chose dans notre vie. On pense parfois que ça prend des études poussées, de grandes théories, des années et des années de dur labeur pour y arriver... Ah, les croyances ! Le simple fait de choisir dès maintenant de vivre en toute conscience changera bien des choses.

Vous avez sûrement remarqué que l'humanité a traversé les siècles sous le joug de bien des guerres de religion, de conflits politiques, de divergences de points de vue assez musclées ne serait-ce qu'au sein des couples et des familles ou en milieu de travail, etc. Tout cela est, selon moi, en bonne partie le reflet du mental humain qui prend le dessus sur les valeurs du cœur. Je sais que ça peut sembler simple à dire et que ce n'est pas aussi facile dans la vraie vie. On comprend tout ça.

Ce sentiment de division aurait beaucoup moins de possibilités de créer des dommages si l'éducation fondamentale valorisait les mécanismes de la pensée humaine et la conscientisation des réels pouvoirs intérieurs. Il y a du chemin à faire, car les croyances et coutumes sont bien ancrées à bien des endroits, mais il y a de plus en plus d'ouverture ici et là.

Chaque civilisation a eu et a encore ses différences, et c'est à nous maintenant de faire un pas en avant, en nous-mêmes, pour nous éveiller à cette nouvelle conscience qui émerge progressivement partout dans le monde. Les gens en ont de plus en plus assez de ces travers, de la corruption, des dualités, des faussetés camouflées, et il y a un mouvement de changement qui est perceptible. Les voiles se déchirent de plus en plus faisant place à une nouvelle essence sociale en devenir. Changer le monde, ça commence par soi, n'est-ce pas?

Le cœur s'ouvre quand ça va mal

Parlant de politique, je vais vous inviter à imaginer un scénario un peu farfelu, mais qui porte à réflexion. Supposons que deux adversaires politiques un peu en rogne l'un contre l'autre à leurs heures se retrouvent en état de survie dans une zone isolée pendant des jours à la suite d'un écrasement d'avion. Que se passerait-il? Il est possible que la sensibilité du cœur ait des chances de se manifester plus que prévu. À quoi bon les querelles quand on est dans une telle situation? Mieux vaut s'entraider, n'est-ce pas? Mais combien de fois ego et argent déciment-ils les communications et les relations humaines?

Pourquoi faut-il parfois des drames pour que les gens s'attendrissent? Imaginez des individus dans un salon funéraire. Là, tout devient plus sensible, les gens s'intériorisent, font une courte introspection sur leur mode de vie et hop! la routine recommence et le train-train quotidien les rattrape. Céline Dion le dit bien dans sa chanson *S'il suffisait d'aimer*, et j'y ajouterais «de s'aimer d'abord pour mieux aimer». Apprendre à faire ce contact dans la joie, l'ouverture du cœur et le désir de bien se sentir, n'est-ce pas une voie plus douce et plus lumineuse? Si on n'apprend pas à faire le calme en soi, à le trouver dans nos profondeurs, aucun lieu, aucune personne ni aucune circonstance n'en sera la source durable.

Les pièges de l'ego

Selon ce que j'ai pu observer, expérimenter et étudier, l'ego est, entre autres, une quelconque manifestation d'insécurité au plus profond de soi et à un degré différent pour chaque personne. C'est plus complexe en réalité, mais je trouve que c'est tout de même significatif et je m'explique. Pourquoi aurions-nous besoin de contrôler et de tant faire valoir certaines opinions, idées ou croyances si on savait réellement tout ce qu'on vaut au fond du cœur, en toute humilité ? Est-ce plus important d'avoir raison que d'être en paix ?

C'est immensément subtil, tout ça. Y aurait-il une vieille blessure d'abandon, de rejet, de trahison par exemple, qui pousse un individu à démontrer qu'il est quelqu'un ? L'ego fait en sorte qu'une personne a besoin qu'on s'intéresse à elle, à son histoire, à ses problèmes ; il se nourrit de ça. Je me souviens d'une personne qui avait une fracture à un membre et qui est venue me voir en disant qu'elle ne comprenait pas pourquoi, mais que ça ne voulait pas guérir. Je lui ai demandé : « Que se passerait-il si cette blessure était guérie ? » Et la personne a répondu du tac au tac : « Je devrais retourner travailler. » Elle a aussitôt réalisé ce qu'elle venait de répondre et elle a aussi compris qu'elle recevait de l'attention en étant ainsi, les gens s'informant d'elle, etc.

L'ego n'est aucunement méchant, il est seulement rusé. L'ego génère du désordre, de la confusion, des mélodrames, des affronts, etc. ; le cœur engendre l'ordre, l'harmonie, la joie, la sérénité, la présence à soi, le calme, etc.

Si une personne prend inconsciemment plaisir à ce manège, elle ne voudra pas que certaines situations prennent fin, car elle a cette attention qui finit par devenir partie de son identité. On connaît tous des gens qui adorent raconter leurs problèmes, leurs petits bobos. Ceux-ci sont malheureusement devenus leur univers, leur source de reconnaissance. Nous irons plus loin à ce sujet au fil des pages. Alors, vivre consciemment, c'est commencer doucement à reconnaître notre façon de réagir, de nous exprimer au jour le jour.

Les commérages

Eh non, l'ego ne se mêle pas de ses affaires ! Pas étonnant aussi que les commérages y prennent leur source. Le fait de critiquer est le propre de l'ego. Pendant un instant, on peut se sentir inconsciemment supérieur à l'autre quand on critique, et le corps de souffrance ainsi que l'ego sont alors nourris de ces aspects sombres qui irritent la vie et éloignent le bonheur. Les gens vivent alors une communication plutôt faussée.

En étant branché à soi, on constate ces comportements chez les autres et on les reconnaît en soi pour mieux les corriger. Et quand on les voit chez les autres, on évite de s'en mêler, on respecte autant que possible leur cheminement. Mais si on note une ouverture, on peut insinuer une douce observation, mais la délicatesse s'impose. Il s'agit de ramener la personne à elle, en l'aidant à ressentir son état intérieur quand elle parle ou pense de cette façon. C'est plus efficace et ça risque peu de tourner à l'affrontement.

On souhaite à la personne que la lumière se fasse en elle pour qu'elle se libère de ses fantômes du passé et que la joie réelle et profonde soit son phare de vie, et ce, sans jugement. On s'en souhaite autant pour nos moments les moins bien réussis. Je pense que nul ne peut se vanter d'être totalement sans ego. On est humain, mais on peut subtiliser à cet ego énormément de force au profit du langage du cœur qui fait rayonner notre vraie essence. Le langage du cœur est celui de la compassion, de la douceur, de l'accueil, de l'amour et de la la présence à soi, sous le soleil d'une conscience de qui on est vraiment sous toutes ces couches illusoires.

Est-ce que ça enrichit la vie, le quotidien, de dire par exemple: « L'as-tu vu, sa chemise ne va vraiment pas avec son pantalon ? » Vous avez possiblement le sourire en lisant ça, parce qu'on a probablement tous dit ça un jour ou l'autre. Alors, être présent, c'est observer sous forme de jeu comment on parle, comment on pense. Est-ce vraiment utile pour soi et l'autre, est-ce constructif et sans ego ? Si oui, c'est beau, si non... dans le doute, s'abstenir !

L'ego adore aussi en vouloir aux autres, pour ce qu'ils ont fait ou pas fait, dit ou pas dit. Ne vaut-il pas mieux apprendre jusqu'à un certain point à mettre au second plan les travers des autres et à voir où se cachent les nôtres ? On devient ainsi plus indulgent avec tous.

Il y a tellement d'énergie gaspillée avec le commérage dans nos sociétés. Comme on dit, les sages parlent peu, mais quand ils parlent, c'est juste, profond et inspirant. Apprenons donc à être un peu plus sages. Une personne me disait dernièrement connaître une certaine Germaine Faucon. Elle expliqua en souriant que l'attitude de cette personne était du genre « je gère, je mène et il faut qu'on m'écoute » sans toutefois porter de jugement. Blague à part, reconnaissons nos petits travers semblables en toute humilité et la vie sera plus facile.

Ça n'enlève rien au plaisir d'échanger avec les gens, mais être une machine à paroles demande aussi de l'énergie au corps. Le plaisir de s'offrir des moments de calme en contrepartie doit aussi être pris en considération. On dit souvent : « Apprenez à écouter, vous serez considéré comme un excellent interlocuteur. » Donc, apprendre à se sentir vivre par des choses positives et non par des histoires futiles sans fondement de bonheur.

On peut aussi retenir que, oui, il est possible qu'une personne ne nous convienne pas, tout comme une situation ou une opinion, mais ce n'est pas une raison pour les rejeter avec mépris ou froideur. On n'aime pas quand quelqu'un agit ainsi avec nous parce qu'il a des perceptions différentes, alors à chacun son tour de bien réagir.

Nous ne sommes pas notre ego

Plonger en notre cœur et laisser s'affaiblir l'emprise de l'ego qui prétend à tort être nous, quel bonheur ! L'ego a besoin d'accuser l'autre pour avoir raison, il veut à tout prix se faire aimer, gagner la guerre des points de vue, etc. Quelle perte d'énergie ! Oui, il va de soi qu'il est important de s'exprimer, mais quelle est la qualité de notre communication avec soi-même et les autres? Passe-t-elle par le cœur ou le mental?

Plus on est en contact avec soi, plus la lumière de notre être profond peut pénétrer nos zones plus obscures et nous faire savourer la vraie liberté de vivre réellement heureux. Ce qui était enfoui dans l'inconscient peut émerger pour être libéré, ô bonheur. On peut alors s'ouvrir à une autre facette de soi-même, l'accueillir, l'apprivoiser et savourer notre vraie nature, pas à pas. On apprend à reconnaître l'espèce de petite voix dans notre tête qui sème peur, doute, confrontation, jugement, inconfort, etc., pour la remplacer par une autre petite voix provenant de notre soleil intérieur et qui rassure.

Bref, osez-vous le plaisir, le rire? Votre cœur d'enfant arrive-t-il à s'exprimer? Est-ce qu'il y a de la joie, de l'aisance, de la légèreté dans ce que vous vivez actuellement? Qu'est-ce qui vous fait vibrer vraiment? Êtes-vous prêt à observer la façon dont vous agissez avec vous et les autres, comment vous leur parlez et accueillez leurs propos? Tout un monde de découverte et d'émerveillement que de se tourner vers soi pour les bonnes raisons et non par égocentrisme.

On s'observe au quotidien et tout à coup des déclics se font. On se dit soudain: « Ah bien ! c'est comme ça que j'étais », ou on dit merci à l'effet miroir qu'une personne nous renvoie. Un peu comme si on guérissait nos travers en les observant silencieusement chez les autres. Face à ces autres, justement, si on a compris certaines choses, on refusera de nourrir leur ego en demeurant silencieux ou discret, et on les aidera peut-être indirectement à ne plus stimuler cette partie qui fait si mal tant qu'elle n'est pas comprise.

Douceur pour le cœur

Credo de l'optimisme

Promettez-vous...

... d'être si fort que rien ne pourra perturber votre paix intérieure ;

... de parler de santé, de joie, de bonheur et de prospérité à chaque personne à laquelle vous parlerez ;

... d'être trop heureux pour permettre la présence d'ennuis ;

... de penser du bien de vous-même, et pour proclamer ce fait au monde, que ce ne soit pas en le criant ou en jouant de l'ego, mais par de grands accomplissements et par votre rayonnement ;

... d'aider chacun de vos amis à sentir ce qu'il a comme potentiel en lui et combien le fait de le connaître fait une différence dans votre vie ;

... de regarder le côté ensoleillé de chaque chose et de transformer votre optimisme en action ;

... de penser seulement ce qu'il y a de meilleur, de travailler seulement pour le meilleur et de vous attendre au meilleur ;

... de considérer le changement comme une merveilleuse occasion de développement au lieu de se faire mal en tentant plus ou moins inconsciemment d'y résister ;

... d'être aussi enthousiasmé par le succès des autres que par le vôtre ;

... d'oublier les erreurs passées et de penser aux réussites futures ;

... d'être toujours chaleureux et de sourire à la vie de plus en plus ;

... de tellement vous consacrer à votre développement personnel qu'il ne vous restera plus de temps pour critiquer les gens et les événements ;

... d'être sage et serein au point de voir les obstacles comme des défis menant à un plus grand épanouissement ;

... de ne songer qu'à ce qui est mieux, de ne travailler que pour ce qui est mieux et de n'espérer que ce qui est mieux ;

... de vous aimer, de prendre soin de vous avec douceur et respect ;

... de faire de votre vie une oasis de plaisir où le rire, l'amour, la santé, l'amitié, l'harmonie sont des valeurs fondamentales.

Adaptation d'un texte d'un auteur inconnu.

Sourire, ça fait du bien !

L'innocence pure

Une petite fille marchait tous les jours pour aller et revenir de l'école. Un bon matin, des nuages se formèrent, mais elle se rendit quand même à pied à son école.

Durant l'après-midi, des vents s'élevèrent et des éclairs apparurent. La maman de la petite craignait que sa fillette ait peur en revenant à la maison et que l'orage puisse lui faire du tort. Inquiète, elle partit en voiture vers l'école. En route, elle vit sa petite qui, à chaque éclair, s'arrêtait, regardait en haut et souriait. Quelques éclairs se succédèrent rapidement et chaque fois, l'enfant regardait vers le ciel et souriait.

Sa mère parvint à ses côtés, baissa sa fenêtre et lui demanda : « Mais que fais-tu là ? »

L'enfant de répondre :

« J'essaie d'être belle, car Dieu n'arrête pas de prendre ma photo ! »

CHAPITRE 3

L'ego, un ami ou un ennemi ?

Toute une question. Quelle est votre réponse? En fait, tout dépend comment on se sert de son ego. Si on est un petit robot conditionné par les années et qui file au gré des flots, il y a bien des risques que l'ego soit l'ennemi du bonheur par excellence. Par contre, si on fait attention à nos attitudes, à nos façons d'interagir avec nos proches, à nos collègues, aux gens en général, on découvre en l'ego un outil absolument merveilleux pour se libérer de bien des chaînes, car il éveille notre vigilance sur ce qui est important.

Par exemple, est-ce que nous aimerions que les autres nous critiquent comme nous le faisons, nous contrôlent, etc. ? Pas vraiment. Eh bien, on reçoit ces énergies comme on les sème. Si on sème des jugements, on va en récolter. Si on sème la haine, ce sera la même chose. Si on partage des sourires, des souhaits de paix, des compliments, de beaux mots sincères, des pensées heureuses, ce sera ainsi dans nos vies. Notre existence est le reflet de comment nous pensons et nous vibrons à la lumière de ce qui se passe en dedans. Encore une fois, sans culpabilité. On fait de notre mieux avec les ressources que l'on a.

L'important est d'en ajouter si ça ne va pas. Comme on dit: « Il vous sera fait selon votre foi. »

D'où l'importance de vivre consciemment (je répète souvent l'expression, j'en suis consciente). On a le choix. On s'en fait un ennemi en le laissant nous contrôler ou on s'en fait un puissant ami en le reconnaissant et en captant ses messages par nos comportements et nos attitudes. Si on s'aperçoit qu'on pleurniche sur son sort depuis longtemps par exemple, ou qu'on veut contrôler son partenaire de vie, ses enfants, on a là des indices qu'on manque de présence à soi et que l'ego a pris le dessus. En le réalisant, ça devient un ami qui nous guide, on le reconnaît au passage et on le transforme progressivement en moteur de bonheur.

L'ego est en fait une partie de notre personnalité et il nous aide à expérimenter la vie sous tous ses angles. Il nous reflète ce qui nous est utile de comprendre pour avancer vers notre pleine réalisation. Quel cadeau !

L'ego et nos limites, un exemple personnel

Pour certains, l'ego se manifeste par la peur d'avoir du plaisir, de se laisser aller à vivre avec son cœur d'enfant, la peur du ridicule. Qu'est-ce que ça fait tout ça ? On se retient, on est timide, on finit par écraser les autres. Ça vous surprend ? Pas moi.

Je vais vous parler un peu de moi, autrefois. J'étais une personne très timide durant mon enfance et mon adolescence. J'ai été enfant unique jusqu'à près de 6 ans et on vivait dans la campagne profonde, sans voisins. Mes contacts sociaux étaient très limités.

Ma première journée d'école fut un cauchemar, étant quasi incapable de prendre contact aisément avec les autres. Pourtant, j'ai eu des parents en or, des trésors merveilleux. Mon père est décédé, mais ma mère est toujours là pour perpétuer ce bonheur toujours aussi présent. J'avais des fondements d'amour importants, mais peu d'aisance en communication...

Arrivent l'adolescence et les problèmes; une crise d'adolescence difficile pour moi et pour mes parents. Ayant peu confiance en moi, je commence à dénigrer et à critiquer les autres pour me remonter, surtout mes parents. C'est plus facile avec ceux qu'on aime, on sait que le lien va demeurer. Je fais sentir mes parents coupables de ci ou de ça.

J'en parle d'ailleurs plus en détail dans mon livre *Renaître du passé. Des larmes au rire,* où je présente sous un autre angle que dans cet ouvrage de multiples outils pour se sortir de nos blessures émotionnelles, pour mieux comprendre ce qui se passe en soi et pour faire des pas efficaces afin de s'en sortir. C'est pourquoi je passe vite sur cette histoire ici. Donc, tout cela pour dire que ma mère me faisait parfois cette observation: «On dirait que tu as un complexe de supériorité», et ça me fâchait. Je réalise aujourd'hui qu'elle avait bien raison.

Comme si personne ne pouvait être plus fin que moi, ce qu'on appelle au Québec un «p'tit Joe connaissant»! Je fais alors une dépression non diagnostiquée aux alentours de 15 et 16 ans, et une autre dépression très sévère vers la fin de la vingtaine où tout s'écroule physiquement, émotionnellement et psychologiquement. Ça ne va vraiment plus.

À partir de là, c'est un temps d'arrêt forcé, suivi d'environ trois ans d'études en lien avec le mieux-être, la spiritualité, la psychothérapie, l'énergie, afin de me retrouver en dedans de moi, de reprendre mon équilibre. Je suis alors invitée par une entreprise à faire de la formation dans le domaine du développement personnel, étant bien rétablie et ayant eu à plonger dans les valeurs du cœur, question de survie à la base. Je suis demeurée un an et demi avec cette équipe, et depuis je travaille à mon compte avec un grand bonheur, toujours dans ce même domaine qui ne cesse d'évoluer.

Étant timide et introvertie, il m'était difficile de me laisser aller à m'amuser, à jouer, à prendre ma place. Quand on dénigre les autres, c'est un peu comme si on voulait les faire sentir coupables de notre soi-disant malheur et qu'on voulait qu'eux aussi soient malheureux comme nous. On ne sait pas faire mieux, c'est ainsi. On pense qu'en rabaissant les autres on évite d'avoir à se remettre en question, ou encore que notre ego pourrait continuer de se nourrir allégrement de cette ombre qui détruit tant de possibilités de bonheur et de relations humaines épanouies. C'est inconscient, tout ça.

Donc, pour en revenir aux limites, l'ego nous remplit de négativité si on ne prend pas le contrôle de notre vie, et c'est difficile de le faire quand les outils et le calme n'y sont pas. On se rappelle l'importance de ne jamais se culpabiliser et de ne jamais culpabiliser nos parents non plus, même si pour certains ce fut de la violence, etc. Pas facile, ça prend de l'aide et du temps, mais ça se guérit. Il y a des gens qui ont vécu de grands sévices et qui réussissent à s'élever, à en retirer des leçons de vie ou des apprentissages et à transformer leur malheur en cadeau déguisé, malgré tout. Tout est question de choix, bien sûr, et de ressources. On peut gémir sur le passé ou relever ses manches et décider qu'aujourd'hui est un jour nouveau. Est-ce que le passé mérite encore de brimer la qualité de notre instant présent si précieux? Bien sûr que non.

De l'aide, pourquoi pas?

Se donner une qualité de vie peut exiger de se faire aider au besoin et c'est même essentiel par moments. Je l'ai fait et c'est grâce à cela que j'ai pu traverser bien des obstacles. Au lieu d'accuser, j'ai appris en toute humilité à voir ce que la situation m'enseigne et comment je peux en sortir grandie. Comme tout le monde, il m'arrive de maugréer, mais ça ne dure pas longtemps et je m'en rends vite compte.

Dans une telle disposition d'esprit, on prend en charge notre destinée, on aligne les voiles pour aller là où on veut, au lieu de se laisser balayer par nos limites, notre ego et les éléments extérieurs. Nous avons tous des limites et c'est normal. Il s'agit de les reconnaître, de les accueillir et de s'observer tant à travers elles qu'à travers nos côtés plus lumineux, pour que chaque jour soit une occasion de grandir en beauté et en sagesse.

Une nouvelle ère

Nous émanons de ce qu'on peut appeler la troisième dimension, cette ère de dualité où l'humanité a souffert durement. Je ne veux aucunement entrer dans des notions astrologiques ou ésotériques, mais rester dans le gros bon sens, à la lumière de mes expériences, des formations que j'ai suivies et des informations que j'ai recueillies au fil du temps. On s'aperçoit tous que ça va vite et que bien du changement se fait. Des désordres sont dénoncés, les gens veulent paix et quiétude de plus en plus intensément. Je ne veux aucunement être utopique en pensant que dans quelques années il n'y aura plus de violence et de désordre de quelque ordre que ce soit. Ce serait le scénario idéal, mais il y a un mais.

Par contre, cette nouvelle ère amène un vent de changement profond et perceptible. De nouvelles valeurs émergent enfin d'un peu partout. La société est en train de changer de niveau de conscience, ce qui fait que je serais portée à dire que pour plusieurs, ça passe ou ça casse. L'éveil se fait ou la souffrance grandit, malheureusement. Ne trouvez-vous pas que c'est assez, tout rationaliser, laisser l'argent contrôler le monde, voir tant d'inégalités économiques et de difficultés personnelles, etc.? Les gens veulent de plus en plus un monde de paix et d'amour.

D'où l'importance de lâcher prise et d'éviter d'alimenter les conflits. Il est plus important de les illuminer de paix et de lumière ou d'amour que de s'y associer. Je le répète, être conscient n'excuse pas les abus sociaux, mais on s'élève au-dessus de la mêlée dans un élan d'espoir que l'ordre se fasse par la paix et l'élévation de conscience du plus grand nombre de gens possible, et ce, tant en milieu gouvernemental que professionnel, familial ou personnel.

J'ai le net sentiment ces années-ci que les gens de la même famille se retrouvent, appelez cela famille d'âme ou peu importe, les semblables se retrouvent, les gens qui veulent l'avènement de cette nouvelle terre se regroupent instinctivement et se tiennent la main. Quel bonheur !

Le pouvoir faussé

Au fil de l'histoire, bien des enseignements ont fait croire aux gens que le pouvoir était à l'extérieur d'eux, qu'il y avait une autorité suprême qui pouvait punir, blâmer, juger, etc., qu'il y avait un paradis et un enfer. Les conséquences de tout cela ont créé de la domination, de la soumission et la perte du plus grand pouvoir qui soit en chacun, sa dimension reliée au grand tout, source de vie, d'amour, d'harmonie, mais surtout la capacité en chacun de gérer sa vie comme il l'entend sur une base d'amour, de santé et de félicité. Les croyances, ça appartient à chacun, mais on a pu remarquer dans les dernières années à quel point des structures religieuses ou politiques se sont effondrées, et je suis persuadée qu'il y en aura de plus en plus. On remarque que les voiles du mensonge et de la corruption se déchirent vite.

En se mettant à l'extérieur d'eux-mêmes, trop d'humains sont devenus les marionnettes de systèmes pernicieux et abusifs dans bien des situations et dans bien des endroits du monde. Comme si l'attente d'un miracle quelconque allait délivrer l'humanité. En voulant renier un Dieu vengeur ou autre, bien des gens se sont éloignés de la vraie spiritualité vécue dans la pureté du cœur. Les gens se sont alors grandement tournés vers l'aspect rationnel des choses et le mental a beau jeu.

L'ego en couple

Je n'irai pas très en détail au sujet du couple, puisque je le développe de long en large dans mon livre *Se libérer de la dépendance affective. Lu-*

mière sur votre vie amoureuse. Par contre, je vais faire un lien direct avec l'impact de l'ego sur la relation. Juste pour s'amuser à réfléchir, imaginez que votre partenaire soit bien détaché des mécanismes de l'ego et ait fait un important cheminement intérieur, mais qu'en ce qui vous concerne, le parcours soit différent. Le corps de souffrance prend encore bien de la place et votre ego aime bien contrôler.

Sachant que l'ego apprécie le sentiment de division, duquel dépend en partie son identité, il a donc besoin de conflits, d'ennemis, de divergences d'opinions, etc. Ainsi, vous risqueriez d'avoir des difficultés parce que votre partenaire aurait cessé de s'opposer et de prendre position, ce qui amènerait les structures de votre ego à être ébranlées, affaiblies, car il aurait peur de perdre son identité, son pouvoir, comme s'il sentait sa vie menacée.

Le corps de souffrance n'aurait plus autant accès à sa nourriture, à son besoin de disputes, de divergences ou de contrôle par exemple. Ou bien vous feriez un virage intérieur, ou alors vous ne seriez plus capable de supporter que cette partie souffrante ne soit plus nourrie par l'extérieur. Les fréquences vibratoires deviendraient de plus en plus différentes.

Ainsi détaché, votre partenaire n'aurait pas besoin de juger, de discuter, car il serait dans un autre état intérieur, voyant exactement ce qui se passe mais n'y adhérant plus. De bonnes décisions pourraient être à prendre, mais pas pour les mêmes raisons de part et d'autre. Il serait possible que, progressivement, chacun se fasse le miroir de l'autre et que ce soit le parfait bonheur parce qu'ils dépasseraient tout ça. Il n'y a rien de correct ou d'incorrect, il n'y a que des choses à comprendre.

Utiliser une relation pour trouver le bonheur peut être un piège si ce bonheur n'est pas d'abord construit en soi, en tout ou en grande partie. Tout un monde d'illusions se dessine. Quoi de plus beau comme champ de pratique spirituelle évolutive qu'une relation de couple? L'effet miroir s'active et l'autre met souvent en évidence ce qu'on doit comprendre ou régler soi-même à des degrés différents. C'est plus profond que ça, mais cette perception peut servir tout de même de base de réflexion. Ça peut aussi refléter quelque chose qu'on a réglé ; on veut alors s'éloigner de ces énergies.

Et si on voyait au départ les relations en général dans notre vie comme des occasions de devenir conscient, on deviendrait plus heureux à travers elles. Rien ne sert d'attendre que les autres changent, donnons l'exemple. Aucun partenaire supposément idéal ne devrait avoir comme mission de régler nos problèmes intérieurs, sur le plan émotionnel particulièrement.

Oser reconnaître qu'on n'est peut-être pas réellement en harmonie, mais qu'on veut le devenir, peut déjà créer une atmosphère propice au calme dans un climat d'accueil aimant envers soi-même. En faisant de telles actions et de telles prises de conscience, le corps de souffrance risque de moins en moins de prendre le dessus et de détruire l'amour. Comme le dit Eckhart Tolle, un auteur que j'apprécie particulièrement par ses propos tellement simples et qui vont droit au cœur :

> Vous connaître dans l'être derrière le penseur, le calme derrière le parasitage du mental, l'amour et la joie derrière la souffrance, c'est cela la liberté, le salut, l'illumination[3].

Ainsi, nous ne sommes pas nos souffrances, nous sommes un grand tout, corps, âme et esprit, et c'est sur cette base que l'on doit construire.

Plus on en arrive à cesser de donner de la force au mental par nos comportements devenus presque automatiques, plus on prend conscience de ceux-ci, plus on les transforme. On arrive mieux à se détacher de la facilité à juger, à résister à ce qui est. Moins on crée de conflits, de difficultés, et plus on fait de place pour accueillir l'amour,

---

3. Eckhart Tolle, *Mettre en pratique le pouvoir du moment présent,* Outremont, Éditions Ariane, 1998.

la joie profonde et la sérénité. Passer d'un état de dépendance à un état de conscience de ce qui est changera bien des choses.

Le corps de souffrance peut donner l'impression d'être un monstre, mais en fait il est bien minable à côté de la puissance de notre présence et ce n'est pas dans le futur que la libération pourra commencer, mais dans le présent.

Accepter ce qui est

Quand on parle d'acceptation, souvent on a des réactions quand les choses ne se passent pas comme on veut et on éprouve de la peur, de la mauvaise humeur, de l'insécurité, l'envie de la confrontation, de l'argumentation, etc. Imaginez qu'une personne doive aller à un endroit et se retrouve au milieu d'une tempête qui l'immobilise un ou deux jours. Est-ce que la terre va arrêter de tourner parce qu'elle se mettrait en colère ? Bien sûr que non, mais quel serait l'état intérieur ressenti ? La peur de l'inconnu s'exprime même dans un tel exemple.

Se libérer ne vient pas de la tête, c'est plutôt un ressenti progressif et fluide qui pénètre en soi, même s'il peut y avoir de l'inconfort quand on vit la transition et l'acceptation de ce nouvel état. Ce n'est pas le fait de réaliser, à l'aide du mental, que l'on a des choses à revoir qui prime, mais bien de sentir ce qui est en dedans et qui demande de l'attention. Tant qu'on vit du rejet ou de l'abandon par exemple dans nos relations en général ou en couple, c'est que la rencontre avec soi demande plus d'attention. Selon moi, le hasard n'existe pas. Tout est question de fréquence en lien avec comment on vibre et on pense dans différents domaines de notre vie. Je pense que dans l'histoire de la société, il y a eu bien de l'évolution dans les mentalités, et ça continue ; on n'échappe pas à ce mouvement sur le plan individuel. La vie est mouvement et changement ; elle demande de l'acceptation, de l'ouverture d'esprit et de cœur.

Pour des gens plus rationnels, on pourrait remarquer une tendance à tenter de faire des changements en recherchant les 15 techniques pour relaxer ou les 8 astuces pour rehausser l'estime de soi. Le mental se montre encore le bout du nez. Ils cherchent, entre autres, à calculer. Ça fait partie de la vie, mais tout est question de dosage, je pense.

Et c'est en pratiquant qu'on devient bon. Un enfant qui apprend à écrire pratiquera de jour en jour. C'est la même chose en tout, c'est en répétant qu'on s'améliore. Oui, ça prend une certaine détermination, mais le jeu en vaut la chandelle. Parlant de chandelle, ça en prend seulement une pour éclairer toute une pièce, alors si on active notre lumière intérieure, le monde sera lumineux à souhait et l'ordre y régnera de plus en plus.

Les mécanismes de défense

Nos mécanismes inconscients sont bien vivants en nous. Tout comme notre corps a besoin de bouger, ces mécanismes visent aussi à être en mouvement. Ils sont énergie, comme tout ce qui existe.

Le vandalisme émotionnel fait aussi mal, et même plus, que celui qui est de nature matérielle. Par exemple, se faire apostropher par autrui ou se blâmer soi-même, ça fait mal et on doit apprendre à gérer tout ça, d'où l'importance d'avoir de bons outils par les lectures, les formations, etc., que l'on peut s'offrir. Parler des autres est aussi devenu une activité bien répandue. Est-ce possible d'en arriver à parler des autres comme s'ils étaient en votre présence ? Ce n'est peut-être pas évident, mais c'est important. Bien des gens se retiendraient et de belles choses pourraient être valorisées. Dénigrer les autres est une forme d'ego propulsé par un mécanisme de défense.

Pensez à une personne avec qui c'est plus difficile de vous entendre et tentez de lui trouver trois qualités à l'instant même. Ça se fait, alors pourquoi ne pas miser sur la beauté des gens au lieu du contraire qui est plus facilement commenté.

Les mécanismes de défense se présentent souvent sous la forme de refoulements, de négation, de fuite ou de jugement envers soi et les autres. Un mécanisme de défense sert à nous éloigner d'une souffrance qui nous apparaît trop dérangeante. Il s'agit alors de voir de quelle souffrance on cherche à se protéger quand on nie que quelque chose nous dérange, par exemple.

Douceur pour le cœur

La leçon de l'aigle

L'aigle a la plus longue vie de tous les spécimens de son espèce : il peut vivre jusqu'à 70 ans.

Mais pour atteindre cet âge, l'aigle doit prendre une difficile décision en atteignant 40 ans :

Ses longues serres devenues trop flexibles ne peuvent plus se saisir de la proie qui lui sert de nourriture.

Son bec long et pointu devient trop coudé.

Ses ailes sont devenues trop lourdes en raison de leurs nombreuses anciennes plumes épaissies, et elles rendent son vol difficile.

Alors, l'aigle fait face à un choix difficile : mourir ou passer par un processus douloureux de changement qui durera 150 jours, soit cinq longs mois.

Ce processus exige que l'aigle vole jusqu'en haut d'une montagne sur son nid. Là, il va frotter et frapper son bec contre une roche jusqu'à ce qu'il s'érode. Après cela, il attendra la repousse d'une corne neuve et rigide qui formera un nouveau bec.

Ensuite, il tentera d'arracher et d'user ses serres. Après cela, de nouvelles serres se développeront selon un processus de repousse permanente.

Puis encore, l'aigle commencera à plumer ses plumes âgées. Après cela, des plumes neuves, plus légères et plus souples, repousseront.

Et enfin, après ces cinq mois de douloureuse patience, l'aigle prendra son vol célèbre de renaissance et pourra vivre ses 30 années supplémentaires.

Pourquoi le changement est-il parfois nécessaire pour nous aussi ? Souvent, pour survivre, nous devons, nous aussi, commencer un processus de changement. Nous devons alors parfois douloureusement nous débarrasser de vieilles habitudes, de souvenirs, de coutumes. C'est seulement libérés du fardeau du passé que nous pouvons alors profiter du présent et de l'avenir.

Texte de tradition amérindienne, basé sur des faits réels

Sourire, ça fait du bien!

Avec toute la nouvelle technologie concernant la fertilité, une femme très âgée a donné naissance à un bébé.

À sa sortie de l'hôpital, ses parents et amis viennent la visiter à la maison et tout naturellement lui demandent:

«Pouvons-nous voir le bébé?

— Pas tout de suite, dit-elle. Je vais d'abord faire du café et nous jaserons un peu, d'accord?»

Trente minutes plus tard, quelqu'un lui demande encore:

«Pouvons-nous voir le bébé maintenant?

— Pas encore», dit la mère.

Quelques minutes plus tard, ils demandent avec impatience:

«Bon, quand pourrons-nous voir le bébé?

— Quand il pleurera, dit-elle.

— Mais pourquoi devons-nous attendre qu'il pleure?

— Parce que je ne me rappelle pas où je l'ai mis...»

CHAPITRE 4

Sortir des illusions et observer ce qui est

Reconnaître l'ego exige de la pratique, c'est bien évident. Pourtant, nous sommes amplement mis à l'épreuve ! On pourrait caricaturer l'ego en disant qu'il nous amène dans une voie qui se définirait ainsi : le monde selon moi. Quand ça ne fait pas notre affaire, on grogne et on s'oppose, on argumente, on accuse et on chiale, etc. Je peux comprendre une personne qui vit avec une maladie et qui est en phase d'acceptation, qui éprouve de la douleur, etc. ; il est humain de s'extérioriser. Ce que je veux dire, c'est quand cette attitude devient un mode de vie généralisé pour qui que ce soit, c'est une autre histoire.

S'attendre au meilleur en tout peut sembler utopique pour certains, mais en fait c'est un mode de vie à tenter de se donner le plus possible, car il nous éloigne des situations conflictuelles et des personnalités plus difficiles. On attire des gens et des événements davantage en lien avec cette fréquence positive. En contrepartie, si une personne s'attend fréquemment au pire, anticipe les choses avec anxiété, peur, comme ça nous est à tous arrivé, eh bien, qu'est-ce qui tend à être contemplé et vécu selon vous ? Des choses démoralisantes.

À travers tout ça, il importe de faire la plus grande rencontre qui soit dans notre vie : soi-même. Si on n'est pas présent à soi sur les plans spirituel et émotionnel, dans nos pensées, etc., la vie passe et on se promène comme sur une route sans itinéraire. Cela ne veut pas dire qu'il faut avoir des objectifs époustouflants, extraordinaires et irréalistes. Non, il s'agit, à la base, encore une fois, de se regarder vivre et agir, de prendre contact avec notre cœur au quotidien. Cela devient automatique en le pratiquant. Ça ne se fait pas à 100 %, mais on peut y arriver suffisamment pour que notre vie change grandement pour le meilleur. En fait, c'est un peu comme si nos faiblesses, bien humaines, étaient des modèles d'énergie moins évolués que notre essence suprême.

Les illusions

Dans la vie, une relation intime, une nouvelle possession, une victoire, un achat vont souvent temporairement créer une sensation de plaisir et donner l'effet d'un souffle nouveau, faire oublier ce qui doit être réglé en dedans. Le problème, c'est que trop de gens ne savent pas comment prendre contact avec eux, et même qu'ils peuvent utiliser ce pouvoir sublime. Ce ne fut pas enseigné tellement au fil des générations. On attend des solutions extérieures, on laisse le temps passer et ça complique les choses. Déceptions, perpétuité des problématiques s'ensuivent trop souvent. C'est comme avoir soif et attendre que la fontaine vienne à nous.

Sommes-nous mieux équipés pour faire face à la vie en possédant mille et un objets ou choses extérieures ? Pas vraiment ; c'est pourquoi je considère que les meilleurs investissements sont d'abord ceux qui se tournent vers notre épanouissement et nous libèrent des entraves intérieures. Les autres et le matériel seront alors un supplément sur la route de la joie et non un élément compensateur.

Avez-vous remarqué à quel point une fleur, un oiseau, la nature, un enfant nous ramènent à notre tendresse intérieure ? Ils nous reflètent notre propre essence pure, dénuée de superficialité. Oui, on vit dans un monde matériel, avec une réalité quotidienne telle qu'on la connaît. Quand on vit consciemment, en tant qu'observateur de soi-même, c'est comme si on était dans un espace spécial qui nous crée une bulle lumineuse parmi toutes ces choses, nous gardant bien lucides face à ce qui se passe, mais bien plus détachés des misères inutiles. On n'en a pas moins de compassion, mais on voit ce qui se passe en nous, autour de nous et dans le monde avec un tout autre regard.

Accueillir au lieu de critiquer

Vivre consciemment, c'est aussi éviter de mordre à bien des situations ombragées. Imaginez une personne qui aime critiquer et semer la discorde autour d'elle. En fait, elle ne contrôle pas son attitude, car pour elle c'est naturel d'agir ainsi. Le monde selon soi, c'est ça ! Alors que se passe-t-il si on nourrit cette énergie en entrant dans son jeu plus ou moins inconscient ?

On glisse ainsi sur la même fréquence qu'elle et on se vide temporairement de notre énergie, de notre positivisme et rien de constructif ne peut vraiment ressortir de la confrontation, à moins que les deux parties n'admettent leur jeu d'ego, ce qui n'est pas évident quand il n'est pas conscientisé.

Donc, la façon la plus simple d'éviter cette guerre de points de vue, c'est d'accueillir la personne dans son propre monde. Aucun commentaire ni confrontation, mais plutôt un « OK, tu vois ça comme ça » et une pensée d'amour et de calme dans notre for intérieur à l'intention de cette personne. En l'accueillant, on affaiblit sa résistance, on évite de nourrir inutilement les corps de souffrance, on est conscient de ce qui se passe, et ensuite on peut ouvrir une discussion plus fluide et mature. Je n'ai aucunement la prétention de dire que c'est un absolu qui fonctionne à tout coup, mais pour l'avoir fait souvent et avoir côtoyé des gens qui l'expérimentent et le pratiquent, c'est merveilleux et on grandit beaucoup ainsi.

Je comprends que si on prend certains exemples ou situations extrêmes, parfois ça peut être délicat et il vaut mieux se retirer tout simplement et poursuivre sa route. Je pense à la rage au volant, par exemple. Est-ce utile de jouer un tel jeu contre un conducteur irrité? Voyons plutôt sa boule de stress ou de souffrance qui vient d'exploser alors qu'il se trouve que nous étions là. On observe le tout en évitant de se sentir personnellement visé et on souhaite à cette personne paix et amour au fond de son cœur, c'est tout, en réalisant toute la charge qu'elle porte et qu'elle n'a pas pris le temps de reconnaître en elle. Mais si on s'emballe, on se nuit énormément et ça ne sert à rien.

Des réactions fougueuses

Un ami m'a raconté qu'un jour il attendait dans la file du service à l'auto d'un restaurant; une dame en avant de lui, à une distance de quelques autos, tarda un peu à suivre la file. Un homme, juste derrière elle, lui cria alors des bêtises avec férocité. Mais ce que ce monsieur ne savait pas, c'est que la dame n'était pas seule. Son conjoint, bien bâti, avait couché la banquette avant pour s'y reposer. Entendant ce que sa femme venait de se faire dire, il bondit hors de la voiture et alla frapper le gars derrière avec fougue.

Il est retourné à son auto et l'autre s'est enfui avec soit une bonne leçon, soit un désir de faire passer sa boule de stress ailleurs, on ne sait pas. La réaction défensive du conjoint a été explosive. Des mots auraient pu suffire. Quel est le lien commun invisible dans cette histoire? C'est comme si les fréquences de stress, de souffrance, peu importe comment on les appelle, s'étaient mutuellement fait écho et l'énergie a ainsi été relâchée. À ce sujet, nous n'avons pas tous les mêmes déclencheurs. Plus on accumule du stress, plus on peut être en réaction, c'est humain. Alors, heureusement que la vie courante est moins remplie de tels effets de surprise.

Vivre consciemment, c'est aussi comprendre ce qui se passe en l'autre et en soi, et opter pour une réaction qui fait grandir au lieu de se défouler sur le coup. Mais se défouler sur le coup ne libère pas le mal accumulé en dedans au fil du temps. Seuls de nouvelles visions de soi, le fait d'en parler, d'être écouté, soutenu dans cette ouverture peuvent entre autres faire des merveilles.

L'ego : une construction du mental

Notre mental est un outil absolument merveilleux pour vivre au quotidien, fonctionner au travail, en société, pour rationaliser la logique des choses, prendre des décisions. Par contre, là où ça se complique, c'est lorsqu'il devient maître à bord. Je pense, à la lumière de mes expériences, études et lectures, que cet outil qu'est le mental doit être sous la gouverne du cœur, de notre essence profonde. Mais la plupart du temps, nous fonctionnons avec la partie rationnelle de notre esprit, et nous nous jouons des tours. Plus on laisse le mental être roi et maître, plus l'ego est fort, car il est issu de cette partie de nous.

Ce n'est pas qu'avec le mental qu'on peut neutraliser les éléments négatifs, mais bien avec notre créativité, notre intuition, notre bonne conscience, etc. Imaginez que vous avez un pneu crevé sur la route. Si vous blasphémez, vous en perdez la clef des solutions, mais en restant calme, les bonnes idées vont venir plus vite. Je ne suis aucunement en train de dire qu'il ne faut plus exprimer de colère ou d'agressivité ou maugréer parce qu'on reconnaît maintenant notre ego et celui des autres, bien au contraire ; sauf que si on se met en colère, ça ne durera pas, on va se voir faire et même se mettre à rire pas très longtemps après dans certains cas.

L'ego est un outil puissant pour apprendre à s'observer dans nos réactions. On n'a pas à en avoir peur, car il n'est pas puissant, mais seulement un peu bizarre dans ses façons de faire. En l'apprivoisant, on cesse d'être manipulé par lui en quelque sorte, et on retrouve notre quiétude intérieure. Oui, c'est un bon outil, mais gare à sa puissance mal utilisée, car on risque alors de devenir son esclave, de se faire bien du mal et d'en faire autour de soi par les tergiversations, les embarras ou les souffrances qu'il génère.

L'utilité du mental

Comme je le disais un peu différemment plus haut, le mental est indispensable pour calculer, faire des mathématiques, écrire, lire, parler, faire une tâche technique et c'est merveilleux. Mais pour ce qui est de la gestion émotionnelle, ce n'est pas tellement son domaine et il voudra régler les conflits à sa façon. Étant mal connecté avec la partie spirituelle, la sagesse du cœur, le mental peut nous mettre en déroute assez facilement. L'être humain sait instinctivement qu'il y a quelque chose de grand qui régule la vie, mais il est plus ou moins habile à l'accueillir. Pour se faire aimer, l'humain a tendance à vouloir être comme les autres, ne pas déplaire, etc. Ça lui laisse moins de temps pour s'occuper de ce qui est essentiel, c'est-à-dire son développement fondamental, la libération de son essence propre.

Un exemple classique des jeux du mental

Imaginez que vous arrivez à la maison, que vous avez un message sur votre répondeur téléphonique dans lequel votre sœur vous demande de la rappeler dès que possible, mais vous n'en savez pas la raison. Qu'est-ce qui risque d'arriver? Le mental va tenter de trouver la raison. Il est même possible qu'il crée de l'inquiétude: «J'espère que mon neveu ne s'est pas fait mal, que ma sœur n'est pas malade, qu'il n'y a rien de grave...», etc. Il y aura peut-être du stress et des émotions. Vous tentez aussitôt de l'appeler, mais ça ne répond pas.

Le mental continue alors et ici je vais amplifier, pour les besoins de l'exemple. «Peut-être qu'elle est à l'hôpital, ou alors qu'elle a eu un problème avec son auto et qu'elle a dû prendre un taxi, vu que je ne répondais pas...»

Enfin, vous réussissez à la joindre. Elle n'avait pas pu répondre quand vous avez appelé, car elle avait quelque chose sur le feu. Ce qu'elle voulait vous dire, c'est qu'elle avait le goût de prendre le repas du soir avec vous, pour le plaisir, car ça fait un bout de temps que vous ne vous êtes pas vues. Donc, elle voulait juste savoir si c'était possible, sachant qu'elle s'y prenait un peu à la dernière minute. Et pendant tout ce temps, qu'est-ce que le mental a fait... ? Mieux vaut en rire !

Se faire confiance sur la route de la pleine conscience

Tout un sujet que la confiance en soi. Je me souviens des premières années où j'enseignais au grand public uniquement. Dans un petit questionnaire auquel ils répondaient anonymement, je demandais aux gens de me signifier ce qu'ils souhaitaient le plus améliorer durant les semaines du cours à venir qui durait alors dix semaines à raison d'un soir par semaine. À 85 %, ils mentionnaient la confiance en soi.

Il y a une différence entre avoir confiance en soi et se montrer en confiance. La vraie confiance en soi, c'est celle basée sur l'apprentissage de vie bien conscientisé, qui vous fait savoir votre valeur, sans orgueil spirituel, et sur laquelle vous basez vos assises. Mais si la confiance est démontrée pour impressionner les autres ou les convaincre qu'on est bon, c'est lourd à porter, car c'est un effort au lieu d'être un fleuve de paix en dedans. Tôt ou tard, c'est une autotrahison qui risque de se manifester, et un ou des événements pourront porter un individu à plonger en lui véritablement pour y apporter des ajustements.

Si une personne est dans la confiance plus superficielle, elle le manifestera par une réaction plus sensible et émotionnelle si elle est contrariée. Cela ne veut aucunement dire que cette personne est dépourvue de confiance, mais qu'une certaine peur ou insécurité apparaît et la réaction vient tenter de contrebalancer cet état inconscient. C'est bien humain. Plus on est fort en dedans, moins on a besoin de se justifier. Parfois, on peut être fort dans un domaine de notre vie et avoir besoin de plus de soutien dans un autre, c'est tout ça la vie. Juste devenir observateur, et à partir de là, bien des choses peuvent changer.

Heureusement, les énergies changent

Oui, les énergies changent dans le bon sens, malgré certaines apparences, et l'ouverture de conscience s'accélère ; mais à la base, c'est quand chacun de nous reconnaît son plein potentiel, hors du monde matériel et mental, que les choses se transmutent pas à pas.

Chercher hors de soi expose à devenir victime par manque de ressources, et à partir de là les difficultés semblent s'acharner. Il y a moyen de s'en sortir. On n'a pas à se culpabiliser si ça arrive. On a tous des mémoires enfouies et issues de nos ancêtres, alors à nous de nous élever pour refaire surface avec notre lumière intérieure bien affranchie. Nous rallier à cette force nous aide à traverser les périodes plus difficiles, à être plus joyeux et en paix, et elle est ressentie comme une puissante vibration. En apprenant à vivre avec cette dimension de soi, on est plus heureux, on développe plus de compassion envers soi et les autres, plus d'humilité, d'amour, d'authenticité et de respect.

Au rythme de cette vibration naturelle, on s'aperçoit qu'on est aussi poussé à l'entraide. En outre, il n'est plus utile de dépenser des tonnes d'énergie pour convaincre que la confiance en soi est bien présente. Le rayonnement devient serein, calme, enjoué, inspirant, et ça, ça parle. La vibration du cœur se ressent.

Que les gens y croient ou non, cette vibration d'amour est en chacun, même si elle est plus ou moins florissante. Si des gestes mauvais sont faits, la confiance en soi remontera fort probablement à la surface, amenant regrets et repentirs. C'est cette force qui intervient alors et qui tente de jaillir. J'exclus bien entendu ici les cas de maladies mentales particulières qui peuvent nuire à l'équilibre.

Il est toujours temps d'entrer dans le cœur pour y trouver cette vibration, admettre qu'elle a été reniée ou peu utilisée selon le cas et s'ouvrir à un monde qui pourra transformer l'univers environnant à partir de cette étincelle de vie bien enfouie en soi. D'où la vraie puissance.

Les échanges houleux

Souvent, dans notre chère société, il y a des discussions politiques, par exemple, où tout un chacun argumente, où la situation tend à s'envenimer et les gens à s'insulter mutuellement, etc. Est-ce une source d'inspiration pour ouvrir la porte à une saine communication et inspirer confiance? C'est à qui descend l'autre pour se remonter. Belle plateforme pour observer les guerres d'ego et de points de vue, n'est-ce pas? Vraiment dommage.

J'ai déjà entendu une petite phrase qui dit: «Ce que tu fais parle si fort que je n'entends pas ce que tu dis.» Alors si quelqu'un veut nous convaincre que ce qu'il fait est bon, qu'il le fasse par l'exemple. Un peu comme un parent qui dirait à son enfant de manger des fruits et des légumes, mais qui n'en consommerait jamais.

On a tous notre opinion sur cela et on n'a qu'à regarder un peu ce qui se passe ces temps-ci pour voir que la dualité s'en va à sa perte, la corruption et les tours de passe-passe se dévoilent, etc. Il est temps que ça change et l'éveil du peuple, ces gens qui découvrent les valeurs du cœur, se manifeste toujours plus, tout comme certaines émissions de télévision qui émergent de plus en plus en lien avec l'amour, la nouvelle conscience planétaire en termes de spiritualité, d'environnement, de paix et de santé. Enfin!

Les perceptions inconscientes

Que ce soit en politique, au travail, lors de réunions par exemple, il arrive parfois qu'une personne nous soit sympathique ou antipathique.

Ces perceptions ou échanges ne sont pas seulement perceptibles sur le plan verbal, car en termes de communication, le non-verbal y est pour 93 %, soit 55 % pour les gestes, 38 % pour le tonal et 7 % seulement pour les mots.

J'ajouterais à cela l'aspect énergétique invisible. Qu'est-ce qui fait qu'un bébé nous attire, une fleur, une rivière, etc.? C'est paisible, ça rayonne, ça vibre harmonieusement. Comment vibre chacun de nous? Quel genre d'énergie produisons-nous du matin au soir? Tout ça se ressent, se place autour de nous en quelque sorte.

Le point de vue énergétique

D'un autre point de vue, notre rayonnement énergétique est inconsciemment perçu par les autres. Que se passe-t-il si vous êtes bien centré, heureux, positif et que vous côtoyez une personne prise dans ses «bibittes», comme on dit? On ressent alors que cette fréquence n'est pas la nôtre, qu'elle nous attire vers le bas, nous siphonne, et on veut s'en éloigner, sinon on risque de se faire prendre au jeu et on connaît la suite. On rencontre ensuite une personne profondément gentille, vivant consciemment, et on se sent bien.

En contrepartie, une personne dans sa boule de stress, à l'ego bien ancré, rencontre une personne semblable à elle. Il peut se produire deux choses. Elle sera à l'aise, car sur la même fréquence, ou bien les deux corps de souffrance entreront en résonance et ce sera agité comme communication. Elles se comprendront peut-être assez bien, mais risqueront aussi de nourrir mutuellement leurs blessures non conscientisées et qui regorgeront d'intensité, le tout exprimé dans une prise de bec, des comparaisons, du contrôle, etc. Ces personnes vivent aussi de bons moments, comme tout le monde, et c'est surtout ça qu'il faut voir, chez soi et chez autrui.

Donc, notre champ d'énergie entre régulièrement en réaction avec celui des autres et on s'adapte soit consciemment, soit inconsciemment si on ne sait pas ces choses-là. En fait, ce n'est pas tant le corps de souffrance le problème, mais le manque de présence à soi pour y reconnaître ce qui se passe dans les pensées, les réactions et les interactions.

Remercier la personne

Ce que je vous expose ici peut vous sembler un peu curieux, mais vous en comprendrez vite le sens. Imaginez qu'une personne vous a perturbé récemment. N'a-t-elle pas été une actrice dans l'art de vous aider à mieux vous comprendre, à grandir, à évoluer ? Ne mériterait-elle pas qu'on lui décerne à la blague une médaille pour avoir bien joué son rôle ? Ouf, j'imagine toutes les réactions possibles à ces propos.

Disons les choses plus simplement. Si on voit en l'autre un acteur de la vie qui nous aide à façonner une partie de notre personnalité, quel lâcher-prise ! Si tout est un jeu de fréquences selon la loi d'attraction, qu'est-ce qui fait que cette personne est sur notre route ? Vient-elle nous enseigner, peut-être à son insu, le pardon, l'écoute de soi, le respect de soi par une meilleure affirmation ? Quel est le message ? Tenons pour acquis que le hasard n'existe pas. Sinon, on est dans la position de victime.

Je sais que cela n'est pas évident dans les cas de criminalité par exemple, et que ça n'excuse pas les gestes, mais la vie continue pour ces gens qui ont souffert, et les notions d'intériorisation, de spiritualité, de pardon ne deviennent-elles pas un incontournable pour continuer à vivre ? En parlant de criminalité, c'est, selon ce que j'ai pu remarquer, une expression du corps de souffrance, comme si la personne disait : « Dites-moi que j'existe. » Ne cacherait-elle pas un certain besoin d'attention par une notoriété négative ? Je ne suis pas ici pour démystifier ce monde, ce n'est pas ma spécialité, mais je veux juste relever qu'au départ on naît tous en tant que petit bébé avec un avenir potentiellement intéressant, mais le parcours de la vie n'est pas toujours prévisible ni bien rose. C'est ainsi que pour chacun, la souffrance ou la maladie prendront certains visages.

Si on allait voir le passé de bien des gens, en plus de regarder le nôtre, on comprendrait mieux l'explosion de ces réactions, mais on en a plein les bras à s'occuper de soi. Toutefois, pour la réflexion, il est intéressant de se poser la question. D'où le soutien social si manquant, à la base même de l'éducation, pour aider les générations futures à vivre dans la paix du cœur et de l'esprit par des valeurs de vie et des outils de développement personnel efficaces. Je le répète, ça n'excuse aucunement les gestes criminels, car je suis en désaccord avec ceux-ci, j'aime trop la paix, la douceur, la sérénité, la saine communication ; mais si on s'attardait à voir les dessous des problèmes, il y a bien des réponses qui viendraient, mais commençons par soi en effet.

Vivre consciemment, c'est élever notre esprit pour vivre à un niveau intérieur qui passe beaucoup plus facilement à travers la vie et les événements, et qui est porteur d'un fondement que personne ne peut nous subtiliser. Après tout, si on continue à faire les choses comme on les a toujours faites, le futur sera à l'image du passé. On a le choix.

L'ego, la personnalité, veut obtenir des choses des autres, de l'extérieur, à cause d'un manque non comblé en soi. Lorsqu'une personne manifeste son ego, voyez ce qui se cache derrière et vous comprendrez. Ça ne veut aucunement dire de s'en faire une amie et de s'obliger à la côtoyer, mais quand ça vous arrive de voir une personne irritée au magasin, dans la rue, etc., ayez cette vision et tout sera différent. L'ego a besoin de misère, d'émotions difficiles pour se sentir exister. Qu'est-ce que nous contemplons dans notre vie ? Ce qui va bien, ou le contraire ?

S'ouvrir au pardon

Décider de pardonner, c'est choisir de cesser d'en vouloir à l'autre pour ce qu'on ressent. Dans le fin fond, s'empêcher de pardonner, c'est jusqu'à un certain point souhaiter que la personne soit punie pour ce qu'elle nous a fait et qu'elle en souffre. Il est tout à fait naturel de ressentir du rejet, de la trahison, de l'humiliation, de l'injustice, de la souffrance dans ce genre de situation et d'en vouloir à la personne qui nous a heurtés. Mais cette attitude, bien que très compréhensible, relève de la partie ego de notre personnalité ; il faut que l'autre porte tout le blâme.

Entretenir un tel sentiment est acceptable un certain temps, mais s'il empoisonne chaque journée, c'est une autre affaire. On a une part de responsabilité qui est celle de rebondir après l'épreuve. Ces sentiments ne règlent rien et accentuent la tendance à broyer du noir et à en attirer. La partie pure en soi fait tout son possible pour passer son message malgré les inconforts, mais sont-ils perçus dans ce tumulte ?

Choisir de pardonner n'équivaut aucunement à se soumettre à ce qui est. Si on est le créateur de sa vie, même si on n'aime pas l'entendre parfois, on se demandera ce que cette situation vient nous enseigner en termes d'avancement positif, malgré une apparence parfois terrible. C'est arrivé, alors on doit continuer. Est-ce que cette ou ces personnes seraient là, sur la route de notre vie, pour nous aider à devenir conscients ? Voilà la question ! Se placer dans la position de l'autre, dans ce que son enfance a pu être, dans son parcours, apporte un autre point de vue. Ça n'excuse pas le geste répréhensible, mais ça aide à s'élever. Refuser de pardonner fait peut-être croire qu'on punit l'autre, mais c'est à soi qu'on fait le plus de tort.

Pardonner se fait par l'ouverture de la conscience, comme en traite ce livre du début à la fin. Autrefois, les gens accumulaient des indulgences selon l'ancienne croyance religieuse qu'il faut gagner son ciel, mais on a passé ce temps-là.

La souffrance

La souffrance vient beaucoup d'une forme de blocage d'énergie. La vie manque de liberté intérieure. L'énergie de nos pensées, de nos émotions, de notre corps physique, de nos croyances spirituelles et matérielles est entravée. Notre force de vie ne circule pas harmonieusement. On pense aux stress de toutes sortes, au manque d'exercice, de souplesse de caractère, etc. Il importe de réaliser quand on est en train de se créer de la souffrance.

Il est plus facile de reconnaître une souffrance physique parce qu'on la ressent tangiblement dans le corps. Mais sommes-nous aussi attentifs à notre fatigue, à nos états d'âme, à notre manque de tendresse, etc. ? Pas toujours. Comme on dit, si nos volets ne sont pas ouverts, la lumière ne peut entrer.

J'ai entendu une phrase un jour et elle m'a beaucoup fait réfléchir. La voici, même si elle risque de faire réagir : « Tout ce dont on se plaint est inconsciemment quelque chose qu'on a besoin de créer. » Créer inconsciemment à la santé du corps de souffrance qui s'en nourrit.

Une question de point de vue

Imaginez-vous à une soirée où vous auriez apporté des jumelles pour voir de loin. Vous regardez dans un coin et il y a des gens qui rient et s'amusent gaiement. Que direz-vous à votre entourage, en revenant, si ce n'est : « Quelle belle soirée ! » Dans l'autre coin de la salle, une autre personne a aussi apporté ses jumelles, mais elle a regardé un couple qui s'engueulait durant toute la soirée. Que dira-t-elle au retour, sinon : « Quelle soirée désagréable ! » Tout est dans ce qu'on regarde.

Les nouvelles qui font vendre

Vous avez sûrement remarqué à quel point les médias de toutes sortes se spécialisent dans les mauvaises nouvelles, parce que ça fait vendre.

Mais si on creuse au fond des choses un tout petit peu, se pourrait-il que cet état de fait ait un certain lien avec le marketing? Se pourrait-il que les diffuseurs aient compris cela et qu'ils offrent la nourriture que le corps de souffrance des gens reconnaît, vu que l'intérêt est grand pour ce qui est rattaché aux sensations issues des mélodrames? Le but n'est pas de répondre à ces questions, mais de s'interroger sur notre essence sociale.

Si on veut vulgariser, ça ressemble un peu à cela: bien des gens sont à l'affût d'entendre parler de scandales, de corruption, de violence, d'accidents, etc. Plus les choses sont graves, plus il risque d'y avoir de l'intérêt bien souvent. L'analyse de tout ça serait bien plus complexe, j'en conviens.

Mon but est juste de relever différents types de réactions personnelles et sociales pour qu'on apprenne à reconnaître les jeux de pouvoir, les jeux de l'ego et comment on en arrive, à notre insu, à vivre plus ou moins automatiquement dans un tel courant social et personnel. Si on ne reprend pas notre plein pouvoir intérieur sur ce qu'on laisse entrer ou pas en soi, sur ce qu'on laisse nous influencer, on se fait prendre dans des tourbillons qui ne sont pas vraiment nôtres.

Un des pires ennemis de la nature humaine, c'est ce niveau de conscience qui n'est pas optimisé suffisamment. En attendant, comme je l'ai dit plus haut, à nous de faire notre propre bout de chemin, et l'égrégore généré par les actions de tout le monde qui œuvre à cette nouvelle énergie fera en sorte de renforcer le point de bascule vers une nouvelle voie axée sur la paix et la fraternité. Il ne sert à rien d'accuser quiconque, pour l'instant tout est en transformation, que ce soit conscient ou non de la part des individus. Qu'on y croie ou non, on est ici sur terre pour évoluer, et on se sent poussé à le faire encore plus ces temps-ci. Donc, au lieu d'accuser l'obscurité, faisons surgir la lumière.

Les énergies des autres

Que ce soit une énergie de colère, de lourdeur quelconque provenant de quelqu'un autour de nous, il est fort possible qu'on la ressente, et encore là, cela peut être consciemment ou inconsciemment. Si on n'est pas vigilant, cette forme d'énergie pourrait même finir par s'agripper à nous.

Imaginez-vous dans un restaurant ou dans une réunion où il y a une ou des personnes dans l'état que je viens de décrire. Elle va même jusqu'à engueuler des gens. Tous ceux qui mordront à son tempérament, qui argumenteront, seront des cibles de choix pour son corps de souffrance, dont elle est la marionnette. Mais si vous choisissez de rester calme en observant ce qui se passe, il est fort possible que vous ne soyez pas une cible. Vous n'êtes pas dans la même fréquence. Ça ne veut pas dire que c'est agréable pour autant, bien sûr que non. Si on ne se protège pas de ça, on se fait rapidement siphonner nos énergies.

Cependant, vous vous dites peut-être: « Oui, mais j'ai déjà été relativement calme et j'ai reçu ces affronts quand même. » Il se peut alors que vous ayez été en contact récemment avec une personne dont le corps de souffrance était bien actif et ça vous a imprégné, de sorte que cette résonance a été captée comme une porte d'entrée par l'autre. Si on prend l'exemple de quelqu'un qu'on recevrait en consultation privée, il est tout à fait normal et naturel que des énergies se libèrent, mais on n'est pas à l'abri d'oublier de s'en débarrasser, ne serait-ce que par le pouvoir de l'intention, en affirmant qu'il en soit ainsi, ou en se mettant les mains sous l'eau comme pour décharger cette énergie, comme le ferait une pluie en plein été qui redonne à l'air toute sa légèreté. Bref, si on se branche sur une énergie négative, que ce soit par compassion, inadvertance ou implication, on risque de recueillir les effets de cette compatibilité temporaire.

En fait, une chose pourra être un déclencheur pour une personne et passer totalement inaperçue pour une autre, ce qui traduit le fondement de nos blessures propres accumulées au fil du temps. Le corps de souffrance et l'ego marchent main dans la main. Pas évident d'en faire la différence, de mettre ça en mots, car ils se confondent par moments. En fait, le corps de souffrance est plutôt, à mon sens, l'accumulation des blessures émotionnelles, et l'ego est la partie du mental qui se sert de la souffrance pour garder la négativité ou le mal-être présent. Ce sont des modèles enfouis bien profondément dans le subconscient et perpétués au fil des générations, mais on peut briser ces chaînes. On se doit de cesser de regarder le présent avec la charge émotionnelle du passé.

Douceur pour le cœur

Aimer, ce n'est pas juste faire de grandes déclarations...

Aimer, ce sont des petites choses simples et sans raison...

Aimer, c'est dire : « Veux-tu un café, es-tu fatigué, est-ce que je peux faire quelque chose pour toi ? »

Aimer, c'est un coup de téléphone, c'est une lettre, c'est une petite surprise, c'est une invitation du cœur...

Aimer, c'est prendre quelques minutes de son temps pour l'autre, l'espace d'un baiser qui souvent en dira beaucoup plus que bien des paroles...

Aimer, c'est accueillir l'autre tel qu'il est, l'écouter avec son cœur...

Aimer, c'est aussi regarder l'autre avec les yeux du cœur et les yeux de l'âme...

Aimer, c'est être là, non seulement avec son corps, mais aussi avec son âme...

Aimer, c'est dire je t'aime chaque fois qu'on en a envie et s'habituer à le faire...

Mais si l'amour ne nous habite pas, il nous manque tout dans la vie...

Aimer, c'est le plus beau des cadeaux que la vie nous offre...

Quand quelqu'un a le privilège d'aimer et d'être aimé, la vie est extraordinaire, cette chaleur qui rayonne, cette lumière dans l'âme et dans les yeux sont si vibrantes... La base : s'aimer soi d'abord.

Auteur inconnu

Sourire, ça fait du bien !

La maîtresse a fait une dictée. Le petit Benoît a bien écouté. Il a écrit exactement ce qu'il a entendu. Pourtant, le résultat est inattendu !

Dictée lue par l'enseignante

Une dictée sans fautes.

Une dictée, 100 fautes !

Dans la cuisine du vieux chalet, un ravioli, au fond d'un petit poêlon, réchauffé. Et il dore sous une couche de gruyère râpé. Le vieux chalet est bien tranquille. Pour le dîner, tout sera grillé, appétissant, fondant ! Le fromage est déposé sur un plat ravissant. Sans doute, et d'une bouchée, il sera avalé ! Le saucisson, gras et bien tendre, sera coupé en rondelles. Et, servi sur un plateau, le chocolat bout. Le verser sera délicat et dangereux ! D'un seul coup, il écume et gorge le chalet d'un bon et tranquille parfum.

Dictée écrite par Benoît

Dans la cuisine du vieux chat laid, un rat vit au lit, au fond d'un petit poêle long. Réchauffé, il dort sous une couche de gruyère râpé. Le vieux chat laid est bien tranquille : pour le dîner, tout ce rat, gris et appétissant, fond dans le fromage. Et posé sur un plat, ravi, sans s'en douter, d'une bouchée, il sera avalé ! Le sot, si son gras est bien tendre, sera coupé en rondelles et servi sur un plat. Oh ! le choc ! holà ! Bouleversé ce rat délicat est dangereux ! D'un seul coup, il écume, égorge le chat laid d'un bond et tranquille, part.

5

CHAPITRE

À l'heure de la nouvelle conscience

On observe à quel point tout va vite depuis quelques années, les dualités sortent au grand jour, comme si une implosion du désordre était en train de se faire. Comme si un nouvel ordre était en train de couver sous des apparences encore troublées. J'en ai brièvement glissé un mot précédemment, on sent que les choses qui n'ont plus de sens, les pouvoirs économiques corrompus, les politiques abusives ou discordantes font de plus en plus fausse route. Le peuple s'éveille, et vite, et tout ce qui fait défaut est de plus en plus dévoilé.

Depuis des siècles, trop d'humains ont été maintenus dans la peur par l'emprise des religions, des croyances diverses, etc. On n'a qu'à penser à l'effondrement majeur de la religion catholique au Québec, avec un grand nombre d'églises qui sont mises en vente, par exemple. La peur est un des éléments les plus percutants dans l'art de détruire la créativité, la capacité de changer notre vie. Elle étouffe et limite tant d'élans. On a le choix, on est victime de notre existence et de tout ce qui est ou on devient créateur de notre vie. On a ce pouvoir et c'est le but ultime de l'existence que de le découvrir et l'utiliser pour devenir pleinement heureux.

Je sais que pour certains, oser avancer de tels propos peut paraître idéaliste. Que voulez-vous, c'est permis de croire qu'un monde meilleur peut actuellement être en émergence, et que pour ça les vieilles structures doivent s'effondrer pour être redéfinies dans un cadre où le respect, la fraternité, l'entraide et l'amour seront les indicateurs de cette route tant désirée. Moi, j'ose y croire et y participer du mieux que je peux.

S'observer de l'intérieur

Quand je parle de s'observer, je veux apporter ici une précision. Pour une personne qui n'a pas encore ressenti ce point de contact avec soi, ce sentiment de virage ou d'intégration qui nous fait savoir qu'on a résolu notre passé en grande partie et qu'on est branché au cœur de soi, ce n'est peut-être pas évident de se repérer dans tout ça et c'est normal. L'important est de savoir qu'il existe une telle possibilité. Je l'ai longtemps cherchée avant de la trouver ; c'est pas à pas que j'ai pu y arriver et ça ne fait pas si longtemps.

C'est en toute humilité et après des années de parcours assez soutenu que j'ose le dire, car sans cette sensation d'acquis au plus profond de moi, je ne pourrais même pas avoir pensé écrire ce livre. Le vivre au quotidien est devenu un phare de bonheur par rapport auquel il est impossible de revenir en arrière. De là, c'est toute une panoplie de belles choses qui s'éveillent, que ce soit la télépathie, le ressenti qui s'affine, etc. Je n'ai aucunement la prétention d'être médium ; il s'agit seulement de se brancher à soi, car nous avons tous ça en nous. Il n'y a pas de dons dans ce domaine.

Comment se brancher à soi

Tout au long de ce livre, vous trouverez des indicateurs sur cette approche, mais en fait, le plus simple est d'abord de commencer par faire le calme à l'intérieur. Prendre du recul, observer ce qui se passe en soi, en son cœur, en son âme et dans sa tête au besoin. Jamais on ne peut trouver cet éveil dans le tumulte extérieur et intérieur. Parfois, on traverse des périodes très difficiles sur les plans affectif, professionnel ou de la santé.

Oui, c'est troublant quand on est dans cette démarche. Par contre, ce sont ces périodes qui peuvent souvent le plus changer notre vie. Il s'agit de s'en servir comme tremplin pour aller voir ce qu'on y apprend sur soi, ce qu'est le message sous-jacent, ce que ça réveille en soi et de se recueillir en silence sur ces points, de se faire aider au besoin, que ce soit lors de consultations privées en énergie, psychothérapie, etc., ou par des ateliers qui vous parlent en fonction de ce que vous vivez ou de vos lectures. Pour être intervenue sur ces aspects, je peux vous dire que c'est merveilleux de voir les déclics que les gens peuvent faire, souvent très vite ces temps-ci, et les ouvertures de conscience sont magistrales actuellement.

Alors, pour en arriver à s'observer agir, il est important de plonger en soi pas à pas. Certains vous diront de vous élever au-dessus et de regarder ce qui s'y passe, c'est une façon. Pour d'autres, c'est comme rester bien ancré en soi et se concentrer sur ce qu'on ressent en tentant d'y voir le plus clair possible. D'autres encore réalisent les jeux de pouvoir émanant de soi et des autres. Enfin, il y a ceux qui aspirent à s'entendre avec cette partie d'eux-mêmes qui, par le passé, prenait les devants et engendrait toutes sortes de réactions non conscientisées sous le prétexte toujours inconscient que c'est ainsi la vie.

L'important est d'éviter de se mettre de la pression avec tout ça. À partir du moment où on choisit cette voie, on doit se rappeler à l'ordre, mais ça devient un mode de vie avec un peu de pratique. Jamais parfait, mais évolutif et bienfaisant de plus en plus. On veut être bien, alors il importe de réaliser comment on interagit avec soi et avec les autres. Au quotidien, on prend conscience de la façon dont ça se passe, de nos émotions, de ce qui les déclenche. En faisant des pauses dans le calme assez longues, de quelques heures à quelques jours par exemple, en tête-à-tête avec soi-même seulement, on peut se livrer à une introspection et percevoir le thème dominant qui active nos mécanismes. Je vous donne un exemple.

Bien des blessures nous ont marqués durant l'enfance. Par exemple, une petite fille qui n'aurait pas vu son papa parce qu'il était toujours parti au chantier ou à l'hôtel à cause d'un problème d'alcool pourrait ressentir encore à ce jour du rejet et de l'abandon. Ce qui fait que toute situation qui lui ferait vivre un rejet et un abandon, selon sa perception bien sûr, deviendrait alors un déclencheur d'émotions et son corps de souffrance s'activerait.

Il peut s'agir de simples situations, tel un refus de quelqu'un pour une banalité, une perte d'emploi, un appel téléphonique qu'on attend mais qui ne vient pas, etc. Cette mémoire est encore vive dans l'inconscient et devient une espèce de thème de vie qui manipule la personne à son insu, la faisant se sentir rejetée et abandonnée à répétition.

Faire le calme en soi, s'observer dans nos comportements et nos réactions, c'est accéder à notre conscience sur tous les plans pour que cette blessure émerge afin de guérir. Il se peut que des larmes coulent au contact de ces souvenirs, c'est correct. Il faut juste les accueillir comme si on se disait : « Enfin, j'y arrive, je vais être tellement bien dorénavant », et se faire aider au besoin pour relâcher.

Nourrir nos quatre corps

Si on ne fait pas le point lorsqu'on vit à un rythme effréné soutenu, on court le risque d'une perte de vitalité, d'un épuisement professionnel, de désagréments divers. Bref, je l'ai vécu, et de plus en plus de gens se sentent dépassés par les événements, désabusés de ce train de vie infernal dénué d'essence spirituelle, de répits suffisants, etc. Quand on parle du corps, on pense automatiquement au corps physique. Mais que fait-on des corps émotionnel, énergétique et mental ? Ces éléments de nous forment un tout. Nous ne sommes pas qu'une structure musculaire et osseuse, nous sommes un être spirituel vivant une expérience humaine, doté d'émotions et de logique.

Donc, allons-y un peu en détail. Si on ne prenait soin que de l'aspect mental de notre intérieur, que se passerait-il ? Beaucoup de rationnel, d'ego, d'angoisse pour les choses à venir, de pensées plus ou moins convenables, de croyances. Il y aurait déséquilibre. Pour dissoudre le passé, nous avons besoin de la présence à soi. Être présent à soi, c'est devenir le spectateur de la pièce de théâtre de la vie, de notre vie, et en réaliser les grandes lignes qui se répètent. Avec toutes les connaissances, tous les apprentissages que cela comporte.

C'est bien beau et important, mais est-ce que ce sont les connaissances accumulées sans fin qui apportent la joie ou ces connaissances qui sont enfin descendues et assimilées au niveau du cœur, dans la pratique ? Ce n'est que là qu'elles peuvent transformer nos vies. Dans ce contexte, je pense plus aux connaissances issues des lectures sur la vie que sur les aspects non rattachés à des outils potentiellement source d'évolution intérieure. En ce sens que quelqu'un pourrait lire trois livres de développement personnel par semaine, mais si cette essence ne fait pas son chemin en dedans au fil du temps, ce ne sera que de la connaissance.

En contrepartie, que donnons-nous à notre corps émotionnel ? Est-ce que nous le nourrissons de tristesse et de colère, ou de joie et de sentiments bénéfiques ? Nous ne sommes pas l'émotion qui monte, mais la présence qui accueille cette émotion. Réalisons à quel point on rejoue souvent les mêmes scènes à partir de nos blessures, mais avec des acteurs différents. Étant donné que j'ai exploré en profondeur ces différents aspects dans d'autres livres, je n'irai pas dans les menus détails. Je vais tout de même vous donner quelques points de repère, en lien avec les autres livres, afin de vous aider ou d'aider des proches.

Prenez l'exemple d'une personne qui rencontre toujours le même genre de partenaire. Tant que le code inconscient, pour ainsi dire, n'a pas été reconnu, l'âme tente de passer son message, mais ça ne se rend pas. Son but est la liberté intérieure, et elle utilisera des scénarios pour transmettre l'enseignement nécessaire, mais trop souvent l'essence de base n'est pas saisie. J'élabore en profondeur ces mécanismes dans mon livre *Se libérer de la dépendance affective. Lumière sur votre vie amoureuse.*

Qu'en est-il du corps physique, maintenant ? Est-ce qu'on le nourrit de bons aliments sains et vivants, ou lui demande-t-on de produire de l'énergie, de nous soutenir en lui donnant des aliments dévitalisés, transformés, de la restauration rapide ? Quels matériaux de construction donnons-nous à nos cellules ? Est-ce qu'on calme sa faim pour s'en débarrasser ou bien on est conscient de ce que les aliments doivent accomplir une fois ingérés ? Je parle d'ailleurs de long en large des bases de l'alimentation saine, de l'exercice, de l'aspect physique de la santé, du plaisir au quotidien dans mon livre *Destination plaisir et mieux-être. Un mode de vie sain, un cadeau à se faire,* tout comme j'aborde la libération émotionnelle et la guérison spirituelle en profondeur dans mon volume *Renaître du passé. Des larmes au rire*. Quant à *Choisir l'abondance : guide de la prospérité*, il vous aidera à créer votre vie selon vos rêves.

Le corps physique a aussi besoin de bouger. Êtes-vous confiné de longues heures par exemple à un ordinateur ou à un poste fixe ? Cela crée un stress en soi. Danser, bouger les hanches, s'étirer, faire du cardio, c'est essentiel. Comme le dit l'expression : « Grouille avant que ça rouille ! »

Et enfin, le corps énergétique. Que lui donnez-vous ? Prenez-vous du temps pour refaire suffisamment vos énergies, ou travaillez-vous sans relâche ? Participez-vous à des réunions à profusion, manquez-vous de temps, pour vous, pour vous reposer, et ainsi la vie passe ? Joie, calme, détente : le corps en a besoin pour garder l'équilibre. Trop de gens ne sont pas conscients qu'ils peuvent créer leur réalité.

Ne pas vouloir être vu mal en point

Combien de gens ne veulent pas être vus comme faibles en lien avec une situation de vie ? Je connais une personne qui avait été opérée à la gorge et qui n'en avait parlé à personne. Ses enfants la cherchaient, en vain, jusqu'à ce que l'un d'eux appelle à l'hôpital et la personne y était. Allant la voir, les enfants lui ont demandé : « Mais pourquoi ? » Et la réponse fut : « Je ne voulais pas être vue ainsi, je ne voulais pas déranger. » Question de fierté ! Malheureusement, par la suite, cette personne a eu une série de problèmes de santé qui lui ont imposé d'être ainsi vue. N'avait-elle pas quelque chose à comprendre dans ces expériences, si ce n'est l'accueil de sa vulnérabilité, de sa réelle beauté intérieure dévoilée au détriment temporaire d'un être aussi en souffrance ?

Un nouvel éveil

En faisant ce cheminement intérieur, c'est tout un monde de possibilités qui s'ouvre. On devient maître de sa vie. Oui, on pourrait avoir une séparation, un différend avec quelqu'un, etc., mais si la source d'amour de soi est active en soi, ce qui n'est aucunement narcissique, mais au contraire signe d'une spiritualité bien affranchie, il sera plus facile de passer à travers. Ainsi, il y a de la force et de l'équilibre en dedans, ce qui fait qu'on est beaucoup moins ballotté par les événements.

Ce nouvel éveil est la richesse du cœur, la porte de la vraie sécurité, la porte de la paix, de la joie profonde. On atteint un autre niveau de conscience, le vrai niveau, celui qui mène à la liberté intérieure et qui affranchit des chaînes qui nous ont trop longtemps asservis. Les émotions ne font que passer et ne risquent plus autant de se cristalliser en souffrance comme autrefois. On est observateur, on vit consciemment et on avance sur la voie de notre évolution avec solidité et douceur à la fois.

On n'a qu'à penser à la révolution industrielle ou technologique. Tout cela s'est quand même fait rapidement, en quelques années si on le compare à l'histoire du monde. Serions-nous rendus à la révolution de la conscience humaine ? Je pense que oui que ça pourrait aller vite. Imaginez-vous dans quelques années d'ici, où télépathie, ressentis intuitifs, écoute, amour seraient les voies d'accès à la nouvelle communication interpersonnelle. Merveilleux ! J'ose y croire.

Tout un « personnage »

N'est-il pas tout simplement important de réaliser qu'à certains moments on se crée de la souffrance par nos pensées, nos émotions et nos agissements ? N'est-ce pas une bonne façon de vivre consciemment et d'être présent à soi ? Plus on résiste à toutes ces choses-là, plus on crée de la lourdeur, des ondes négatives et notre ego en raffole. Comme si ce n'était pas assez, l'ego s'amusera à considérer les autres comme sa principale source de problèmes, de conflits, mais en fait il prend plaisir à en générer inconsciemment trop souvent. Il adore mettre l'accent sur les travers et les défauts des autres pour se rehausser. Plus il se sent victime, plus il se sent spécial.

J'en parle comme si c'était un personnage, mais c'est comme une face cachée de notre esprit pour ainsi dire, souvent insuffisamment explorée. Comme s'il se disait : « Je dois absolument avoir le dessus, gagner, sinon je serai détruit. » Et pourtant, si on remercie cette partie de nous pour tous ces enseignements en l'accompagnant vers la sortie, tout se fait en douceur. Je n'ai aucunement la prétention qu'on puisse s'en libérer totalement, mais pas à pas ce qui est accompli est tellement un cadeau de vie qu'on se fait.

Ne soyons pas utopiques

Je n'ai aucunement l'idée non plus de croire que tout se dénoue en réglant les problèmes de l'ego et les blessures du passé. On le sait, la vie n'est pas toujours facile et on doit souvent réévaluer bien des choses, mais la conscience aide à faire le parcours. Même lors de la perte d'un être cher, chose qu'on a à peu près tous vécue, oui, c'est très difficile, mais la conscience spirituelle aide grandement. Ça donne un sens à bien des épreuves.

Dans le cas d'une telle expérience, on a le choix de s'enliser, de laisser s'évanouir notre joie intérieure, notre bonheur, et de laisser partir une partie de nous-mêmes avec le chagrin, ou alors de faire en sorte d'honorer la personne en acceptant de continuer à vivre avec les bons souvenirs, en se disant que peut-être, selon les croyances, son passage était terminé, que ce qu'elle avait à apprendre ou à enseigner était complété. On ne sait pas, mais au moins ça donne un certain sens à tout ça.

Douceur pour le cœur

Avons-nous plus de liens avec l'ordinateur qu'avec les gens? Voici une métaphore qui illustre nos rapports avec le virtuel et la réalité.

Un jour, je suis entré dans un resto et j'avais très faim.

J'ai donc choisi une table discrète de manière à rester seul à réfléchir sur mon travail.

J'ai commandé du saumon avec salade et de l'eau en essayant de respecter mon régime.

Dans l'attente, j'ai commencé à travailler sur mon ordinateur portatif et j'ai été surpris par une voix qui venait de derrière...

« Monsieur, vous me donneriez un peu d'argent?

— Je n'en ai pas, mon petit.

— Mais seulement un petit peu de sous pour un petit bout de pain... »

Pour changer, ma boîte était pleine de messages électroniques et jouait une belle musique qui me faisait rêver de Londres.

« Monsieur, s'il vous plaît, demandez qu'on ajoute du beurre et du fromage sur mon bout de pain. »

Je me rendis compte que le gamin était encore à mes côtés.

« OK, mais après, tu me fous la paix, j'ai du boulot. »

Mon plat arrive et je demande au serveur d'apporter un sandwich au petit, mais celui-ci me demande si je veux que l'enfant sorte du resto. Ma conscience me suggère le contraire et je finis par lui dire de le laisser là où il est.

« Apportez-lui quelque chose de mieux à manger. »

Alors, le petit prend place devant moi et il me demande :

« Monsieur, vous faites quoi ?

— Je lis mes courriels.

— C'est quoi des courriels ?

— Ce sont des messages envoyés par une personne au moyen d'Internet. »

Je savais qu'il ne comprendrait pas, et pour éviter une autre demande, je lui dis :

« C'est comme si c'était une lettre, mais envoyée par Internet.

— Monsieur, vous avez Internet ?

— Oui, c'est important dans le monde d'aujourd'hui.

— Et c'est quoi, Internet?

— C'est une place dans l'ordinateur où on écoute de la musique, où on fait des recherches nouvelles, où on apprend à travailler, et beaucoup d'autres choses, mais dans un monde virtuel.

— C'est quoi le virtuel?»

Je décide de lui donner une réponse, sachant qu'il ne comprendra pas, mais afin qu'il me laisse finir de manger tranquille.

«Le virtuel, c'est quelque chose que nous imaginons, quelque chose que nous ne pouvons pas toucher. Un lieu où nous créons beaucoup de choses que nous aimerions faire, où nous transformons le monde en ce que nous rêvons qu'il soit.

— Chouette! j'aimerais bien, moi aussi.

— Tu as compris, mon petit?

— Oui, monsieur; je vis moi aussi dans ce monde virtuel.

— Tu as un ordinateur?

— Non, mais mon monde est comme le système virtuel. Ma maman passe la journée dans la ville, elle arrive tard le soir et souvent je ne la vois pas. Je m'occupe de mon petit frère qui pleure toujours parce qu'il a faim, et moi je lui donne de l'eau de manière qu'il pense que c'est du bouillon. Ma grande sœur, elle sort la journée en me disant qu'elle va vendre son corps, mais je ne comprends pas... le soir, elle rentre avec son corps. Mon père est en prison depuis longtemps. Et moi, j'imagine la famille réunie à la maison avec beaucoup de manger et des jeux à Noël, et j'étudie pour devenir un grand docteur un jour. Ça, c'est virtuel, monsieur?»

J'ai éteint mon ordinateur, avant que mes larmes tombent sur le clavier. J'ai attendu que le gamin finisse de manger, j'ai payé et laissé le reste pour le petit qui m'a récompensé d'un très beau sourire, le plus beau que j'aie jamais reçu de ma vie, et un grand « Merci, monsieur ! ».

Là, j'ai eu la démonstration de la virtualité insensée que nous vivons chaque jour, à côté d'une cruelle réalité que souvent nous faisons semblant de ne pas voir...

Auteur inconnu

Sourire, ça fait du bien!

Un professeur de psychologie commence son cours:

« Aujourd'hui, nous allons étudier les différents stades de la colère. »

Il fait alors venir un téléphone dans la salle, compose un numéro au hasard et demande:

« Bonjour madame, pourrais-je parler à Jacques, s'il vous plaît?

— Vous faites erreur, il n'y a pas de Jacques à ce numéro. »

Il se tourne alors vers ses étudiants et dit:

« Vous venez d'assister à la phase de mise en condition. »

Il recommence et la dame, un peu agacée, répond:

«Je vous ai déjà dit qu'il n'y avait pas de Jacques ici ! »

Il réitère une bonne douzaine de fois, raccroche après s'être fait hurler après par cette dame devenue hystérique, et s'adresse à son auditoire :

« Voilà enfin le niveau ultime de la colère. »

Là-dessus, un étudiant lève la main :

« Monsieur, il y a pourtant un stade supérieur, et pour l'illustrer, il se saisit du téléphone, compose encore une fois le même numéro et dit :

— Bonjour madame, je suis Jacques. Y a-t-il eu des messages pour moi ? »

6

CHAPITRE

Quelles sont vos priorités?

Nous rêvons tous d'une vie remplie de calme, de paix, joyeusement parfumée de moments de détente et de sérénité. Mais dans la pratique, est-ce ainsi que ça se passe? Pas tout à fait, pour la majorité de la population. Bien des gens se font prendre dans le cercle vicieux de la productivité à outrance, de la surconsommation, du crédit, de la routine, des tensions, des insatisfactions, etc. Sont-ils alors en train d'échanger leur vie contre de l'argent?

La qualité de vie ou les choses éphémères?

Au rythme effréné où nous vivons actuellement, il y a bien des occasions qui mènent à négliger le vrai sens de l'existence. Vivez-vous avec passion et en accord avec vous-même? Vous arrive-t-il d'avoir le sentiment d'échanger votre vie contre de l'argent?

Vous demandez-vous parfois pourquoi vous êtes ici, à ce travail, dans cette relation ou en train de vivre telle ou telle chose? Il y a des messages dans tout ça.

Peut-être que tout va bien, et si c'est le cas, tant mieux. Peut-être qu'il y a des lourdeurs, si oui il est possible que ça aille mieux. Est-ce habituel pour vous de vivre dans la conscience du moment présent, dans la sensation de ce qui se passe en vous? D'être un observateur de votre monde intérieur et extérieur?

Imaginez que l'argent n'existe pas dans le monde et que vous devez vous choisir un métier pour être utile socialement. Feriez-vous ce que vous faites actuellement? Si oui, la passion y est, fort probablement. Sinon, une remise en question s'impose, n'est-ce pas? Ça ne veut surtout pas dire qu'il faut changer d'emploi, mais peut-être seulement revoir avec quelle attitude on le fait en se livrant à une introspection particulière. Il s'agit peut-être juste de se redéfinir un cadre quotidien différent.

Évidemment, la passion n'est pas qu'une question de travail, mais bien d'épanouissement général. Par exemple, une infirmière qui adore son métier travaille à l'urgence depuis tant d'années qu'elle s'y sent blasée. Peut-être que le temps serait venu de se retrouver à la pouponnière avec de nouvelles tâches et un contexte différent. Je vous donne cet exemple, car il est réel et m'a été raconté; la personne en question était ravie de ce choix qui la comblait enfin de bonheur.

Et s'il le fallait, est-ce que le courage de changer de direction ne serait pas un agent protecteur de votre santé mentale et physique? Quelle est votre raison d'être? N'est-ce pas une grande question...? Qu'est-ce qui vous exalte de l'intérieur? Est-ce vers ça que vous orientez vos choix de vie? Osez-vous faire ce qui vous plaît? Plus on fait ce qu'on aime, plus on peut s'épanouir dans le plaisir, la joie de vivre et les résultats harmonieux.

Si on ne sait pas ce qu'on veut faire dans la vie, par déduction, il se peut bien qu'on ne vive pas réellement ce qu'on veut, et ça, on l'a probablement tous vécu à un certain moment de notre vie. Quand je parle de savoir ce qu'on veut faire, ça peut simplement signifier se sentir exister par le biais de la joie en dedans, savoir qu'on est maître à bord, être bien ancré dans le moment présent, ouvert à nos réactions, etc. C'est une base merveilleuse pour se diriger pas à pas vers son idéal. Et je le répète, on se fait aider au besoin.

Êtes-vous bien dans ce que vous faites ?

Donc, à travers ce que vous vivez actuellement, avez-vous le sentiment de réaliser votre raison d'être, de vous épanouir en fonction de vos talents uniques, de votre essence propre, dans la douceur ? Sinon, que d'énergie éparpillée et de temps gaspillé à lutter à contre-courant ! Chaque jour, il y a de nombreuses situations où bien des gens et des publicités nous persuadent de leur donner notre temps, notre énergie ou notre argent. D'où l'importance de vivre avec la conscience de nos réels besoins et de nos goûts, par amour pour soi.

Oui, l'argent, l'abondance, c'est important dans la vie, on le sait tous. Par contre, plus on fait ce qu'on aime, plus on plonge au cœur de soi pour observer et dénouer les vieilles émotions limitatives, plus la voie s'éclaircit, plus les décisions se précisent et plus on se réalise pleinement. Cette abondance-là est incommensurable. Aucun produit du commerce ne peut susciter le sentiment de liberté intérieure, de paix, d'amour, d'harmonie, de connexion à son cœur, etc.

Recevoir les compliments

Bien des gens veulent de l'abondance dans leur vie, mais dès que vous leur faites un simple compliment du genre : « C'est tellement beau le chandail que tu portes ! » ils vous répondent souvent à peu près ceci : « Ah ! Je ne l'ai pas payé cher, c'est une vieille affaire... » Accueillir la vie, le beau, le bien, ça peut prendre de nombreuses formes.

On doit vibrer à la réception de mots gentils, de compliments, c'est de plein droit et même important. Ce sont des sources de plaisir qui nourrissent la vie. Savoir recevoir un compliment avec humilité est bien différent que de s'en servir avec vanité. Vous avez participé à un concours, vous y avez mis tout votre cœur, alors félicitations, tant pour la participation que pour la victoire, s'il y a lieu.

L'argent ou les sentiments heureux

Pourquoi les gens veulent-ils plus d'argent en général ? Pour avoir ces sentiments, entre autres. Eh bien, c'est en favorisant ces états souhaités, ces sentiments, que l'argent et l'abondance peuvent converger vers soi, et quand je parle en termes d'abondance, je pense à l'amour, à la santé, à l'argent, à la joie, au sentiment de sécurité et de bien-être en soi et plus. Ce qui fait, en contrepartie, que beaucoup de gens ont de l'argent, mais en perdent leur santé, leur calme en travaillant trop et en focalisant trop intensément sur le matériel.

Oui, c'est important d'avoir les ressources matérielles nécessaires, mais l'amour, la santé, l'état de bien-être intérieur ne peuvent s'acheter au magasin. Rien ne sert d'avoir des millions si on se sent seul, malade ou épuisé par exemple. Les valeurs du cœur sont pour moi à la base des plus grandes richesses porteuses de bonheur intense. J'ai connu des gens à l'aise financièrement qui, sur leur lit de mort, auraient tout donné pour retrouver la santé.

À ce stade, les choses éphémères perdent de leur importance, les gens s'attendrissent tout autant que la personne en fin de vie et les valeurs se modifient. Malheureusement, la routine reprend rapidement sa place par la suite et l'hypnose collective a de nouveau raison de bien des gens qui continueront de s'engouffrer dans un rythme de vie qui donne parfois un goût amer. L'expression « perdre sa vie à la gagner » y trouve tout son sens.

Consommer pour oublier l'insatisfaction

Ainsi, si l'emploi qui doit permettre tout ça est insatisfaisant, la personne devient de plus en plus frustrée et peut sentir par exemple le besoin d'acheter des biens pour combler son insatisfaction, et le cercle vicieux se reproduit. Et plus on travaille, moins on a le temps de profiter de toutes ses acquisitions. Trop de gens tentent inconsciemment de compenser leur manque de temps libre par le matériel. Tant mieux si matériel et temps libre s'associent, mais la réalité de notre société est telle que ce n'est pas encore une majorité de gens qui le vivent, par manque de ressources ou d'information sur le fonctionnement des principes qui régissent l'esprit humain, l'estime de soi, la communication, l'abondance, etc.

Il importe de choisir de se sentir comblé par ce qu'on a décidé de vivre, et non pas parce que la société, le rythme actuel ou les autres ont dit que ça devrait être comme ci ou comme ça. Osez vous accorder du temps seul, du temps pour faire le point, ressentir le calme, réfléchir ; prendre du repos est aussi important que dormir, boire et bien manger. Notre santé et notre qualité de vie en profitent en tous points.

Sommes-nous trop matérialistes ?

Je crois que nous devons nous détacher de l'hypermatérialisme, de ces énergies qui alourdissent notre environnement inutilement, de trop d'objets superflus dans nos greniers, dans nos garages, dans nos garde-robes, etc., des mauvaises nouvelles, des gens à vibrations négatives qui nous siphonnent. Oui, nous devons aider les gens, nous entraider, mais nous devons rester dissociés de la négativité et nous éloigner autant que possible de ce qui ne nous convient pas.

Avec tant de possessions matérielles par exemple, est-ce possible que trop de gens ne soient plus connectés suffisamment à leur être profond, à l'essentiel, qu'ils soient moins axés sur la prévention santé, le temps de qualité en famille, le calme ? Les grosses maisons, entre autres, et je n'ai rien contre, seraient-elles devenues dans certains cas des prisons dorées, alliées à une vie où les gens ne font que trop travailler pour payer leurs engagements matériels et les charges sociales imputables au rythme de vie actuel ? Et pourtant, personne ne leur impose un tel rythme. Comme il y en a qui l'assument pleinement, bien entendu. Chacun ses choix, c'est comme ça ! Est-il plus important d'être que de paraître, une fois de plus ? Cette question peut susciter mille et une argumentations, j'en conviens, et ce n'est pas important. L'essentiel, c'est qu'elle fasse réfléchir.

Le succès, oui mais...

Je suis entièrement d'accord avec le succès sur le plan matériel, du moment qu'il contribue à illuminer notre vie en profondeur, qu'il génère un sentiment d'accomplissement et non de compétitivité et de stress, et qu'on s'en serve à bon escient pour aider les autres et se faire du bien.

Si on vit dans l'abondance financière, eh bien que ça nous serve à vivre encore plus connectés à nous. Que ce soit s'offrir trois mois de vacances dans un pays tropical en bonne compagnie, réaliser un projet communautaire ou humanitaire, investir dans une entreprise de mieux-être, se sentir nourri en toute humilité sans le besoin de prouver quelque chose à outrance, pour qui ou pour quoi, etc., peu importe, il faut que ce soit lumineux en fin de compte.

Repartir à neuf

Chacun doit contribuer à faire un monde meilleur. Ne serait-ce que laisser un endroit plus beau que l'état dans lequel nous l'avons pris en y arrivant, tels une maison, un chalet, un sentier en forêt où nous aurions ramassé quelques déchets, etc.

Trop de gens ont peur de leur propre lumière ; pourtant, le temps est venu de l'exploiter à fond, d'apprivoiser ce pouvoir si grand en nous, le vrai pouvoir, basé sur l'amour, la compassion, le partage, etc. Rien de surprenant que tant de gens soient si déstabilisés. Nous pouvons refaire notre « contrat de vie » si on le veut (et si on croit à cette potentialité). Déchirer mentalement le vieux contrat qui pouvait être empreint de difficultés, de mort et de souffrances, et choisir notre nouvelle vie dès maintenant. Merveilleuse visualisation à faire. Il s'agit juste de préciser nos nouveaux choix de vie, pour ne pas dire d'incarnation, et s'imaginer qu'on s'en fait un contrat signé avec soi-même, ou même le faire concrètement.

Repartir à neuf, c'est aussi se pardonner ce qu'on a pu s'attirer par le passé, pardonner ce qui a pu nous être infligé par d'autres. Pas facile, mais essentiel pour se libérer, car sinon la situation difficile n'aura peut-être duré qu'une heure, une journée, mais on la porte pendant une vie. Ainsi, il y a une forme de continuité intérieure de cette action qui garde en vie l'événement et qui coupe du moment présent. Pas évident dans le cas de crimes majeurs, par exemple, mais refaire contact avec soi dans un axe de vie basé sur le moment présent et un futur renouvelé doit être un défi à se lancer avec toute l'aide nécessaire, bien entendu. Le temps n'efface pas le souvenir, mais l'adoucit. Relâcher l'émotion et retirer un apprentissage de l'expérience, voilà une base qu'une bonne intervention thérapeutique amènera. Cette approche se fait en accueillant nos zones sombres tout autant que notre plein potentiel lumineux.

Tendu ou détendu ? Stressé ou en paix ?

Je vous invite à pratiquer une toute petite prise de conscience qui sera de longue portée dans l'art d'apprendre à ressentir ce qui se passe en vous, à vibrer une fois de plus au moment présent. Quelques fois dans la journée, prenez plaisir à porter une attention toute spéciale à votre corps. Demandez-vous s'il est en état de stress ou de calme, s'il est tendu ou détendu. Vous pouvez faire de même pour vos pensées. Y a-t-il de l'agitation dans votre esprit ou êtes-vous confiant, paisible ? Êtes-vous observateur de vos attitudes et agissements ou plutôt critique et affolé ? Garder une attitude mentale et physique détendue peut vraiment porter ses fruits au jour le jour. Vous pourriez jouer à vous dire : « Reste zen » avec un sourire intérieur, en mettant une main sur votre cœur ; ça marche très bien pour moi, en tout cas.

Douceur pour le cœur

Le poids du temps

Un jour, un conférencier, expliquant la gestion du stress à son auditoire, lève un verre d'eau et demande : « Combien pèse ce verre d'eau ? » Les réponses vont de 20 g jusqu'à 500 g.

Le conférencier réplique : « Le poids absolu de ce verre n'a aucune importance. Tout dépend de la durée pendant laquelle vous le tenez. Si je le tiens une minute, ce n'est pas un problème. Si je le tiens une heure, j'aurai de la douleur dans mon bras droit. Si je le tiens toute la journée, vous allez devoir appeler une ambulance. Dans tous les cas, c'est le même poids, mais plus longtemps je le tiens, plus il devient lourd.

« Et c'est le même cas avec la gestion du stress. Si on porte un fardeau tout le temps, tôt ou tard, comme il devient de plus en plus lourd, on ne sera plus capable de continuer. Comme pour le verre d'eau, on doit le déposer pour un moment et se reposer avant de le reprendre. Quand on est frais et dispos, on peut continuer avec son fardeau. Donc, avant de retourner à la maison le soir, déposez votre fardeau de travail. Ne l'apportez pas à la maison. Vous pourrez le reprendre demain. Et si vous partez de la maison, ne l'apportez pas non plus avec vous, car vous n'avez pas besoin de ce boulet toute la journée... il sera là au retour et vous aurez l'énergie pour y faire face. »

Quel que soit le fardeau que vous portez maintenant, laissez-le pour un moment si vous le pouvez, relaxez-vous et reprenez-le plus tard, quand vous serez reposé. Il vous semblera plus léger.

Maintenant, parlons de quelques façons de gérer les fardeaux de la vie.

- Acceptez que certains jours vous soyez le pigeon, et que d'autres jours vous soyez la statue.
- Gardez toujours vos paroles douces et tendres, au cas où vous devriez les ravaler ou qu'elles soient les dernières que vous direz.
- Conduisez prudemment. Il n'y a pas que les voitures qui peuvent être rappelées par leur manufacturier.
- Si vous ne pouvez pas être gentil, ayez au moins la délicatesse d'être vague.
- Tout le monde s'en fout que vous dansiez mal. Levez-vous et dansez !
- Les anniversaires sont bons pour vous ; plus vous en avez, plus vous vivez vieux.
- Vous n'êtes peut-être qu'une personne dans le monde, mais vous pouvez aussi être le monde pour une personne.

Auteur inconnu

Sourire, ça fait du bien!

Le conducteur de taxi

Un passager dans un taxi se penche vers l'avant pour poser une question au chauffeur et lui touche l'épaule doucement pour attirer son attention.

Le chauffeur lâche un cri, perd le contrôle du véhicule, évite un autobus de justesse, monte sur le trottoir et finit sa course dans la vitrine d'un magasin!

Pendant quelques instants, c'est le silence et le chauffeur déclare, d'une voix tremblante:

«Je suis désolé, mais vous m'avez vraiment fait très peur!»

Le passager s'excuse en disant qu'il ne pensait pas qu'un léger toucher sur l'épaule pourrait l'apeurer. Le chauffeur répond:

«Ne vous excusez pas, c'est ma faute. C'est ma première journée comme chauffeur de taxi. Ces 25 dernières années, je conduisais un corbillard...»

CHAPITRE 7

Le corps de souffrance chez l'enfant

Eh oui, même les enfants vivent avec un corps de souffrance. Il se manifestera parfois sous forme de colère, de mauvaise humeur, de tristesse. L'enfant refusera de collaborer ou restera assis dans son coin avec son ourson favori ou en suçant son pouce. Il se roulera peut-être par terre, deviendra agressif, etc. Je me suis toujours dit que ce n'est pas parce que cette personne est dans un plus petit corps qu'elle n'est pas un être en évolution à part entière.

Un enfant mérite d'être accompagné, soutenu et guidé en ce qui concerne son intériorité et ses émotions, tout comme dans le développement de ses apprentissages intellectuels et de ses besoins physiques. Il pourra ressentir son corps de souffrance s'activer tout comme nous. Ce qui fait qu'en très peu de temps ce petit trésor peut se transformer en petit monstre imprévisible. Personne n'y échappe, probablement. Ça ne veut aucunement dire qu'il faut répondre à tous ses caprices ; il s'agit de viser une saine communication au lieu de la confrontation. Ça ne nous empêche pas de lui montrer le droit chemin ou de l'encadrer de façon efficace, au contraire.

Il convient aussi de se demander si notre enfant ne nous envoie pas l'effet miroir de notre propre corps de souffrance. N'est-il pas en train d'attirer l'attention pour que nous-mêmes prenions davantage soin de nous ? L'enfant ressent bien plus que les gens pensent, bien souvent. Nous portons tous une partie du corps de souffrance de nos aïeux. Il se transmet à notre insu, d'où l'importance de devenir bien conscient, bien présent à soi pour couper cette chaîne récurrente.

Si les parents vivent des stress, sont en processus de séparation, l'enfant ressent tout ça. Il ne parlera peut-être pas, mais s'en apercevra grandement tout de même et tentera d'exprimer son mal-être à sa façon. Il ne sert à rien de réprimander, en général, mais bien d'accompagner cet être pour qu'il grandisse en sécurité, en lui donnant des valeurs de vie profondes. La confrontation ne mène à rien.

Exemple de souffrance d'un père et de son enfant

Un jour, j'étais dans un restaurant. Sur la banquette juste à côté de moi, un enfant d'environ 5 ans renverse son verre de jus. Le père est en furie. Il réprimande vertement son enfant durant environ 15 minutes, le dénigrant, le réprimandant sévèrement : « Tu ne feras rien de bon dans la vie ! » Comment voulez-vous que cet enfant se sente accueilli dans sa petite mésaventure totalement involontaire ? Le père vivait peut-être un stress et cette situation a servi d'exutoire pour libérer sa boule de tension. Mais l'enfant, lui, n'a pas beaucoup de repères pour être capable de gérer une telle situation.

Il absorbe donc une souffrance de plus, une blessure émotionnelle qui pourra ressortir plus tard sous forme d'insuccès, d'anxiété, etc. Je n'irai pas plus en détail dans l'analyse de cette situation, parce que je suis persuadée que vous en déduisez la portée. Rien ne sert d'accuser gratuitement le père, mais que c'est donc dommage ces formes d'inconscience quand on n'a pas appris à utiliser d'autres ressources. Il a fait du mieux qu'il pouvait, on présume, mais est-ce porteur de bonheur pour lui et son enfant? Oh! que non!

Il est toujours souhaitable que les victimes de violence et d'abus aient du soutien, de l'aide d'un côté et de l'autre. Une façon simple aurait pu être d'expliquer à son enfant que si on bouge en mangeant, voilà ce qui peut arriver.

Pour poursuivre en ce sens, une approche parentale accueillante aurait pu se manifester par de tels mots: «Le fait que tu aies mouillé ton chandail et ton pantalon, ainsi que le mien, t'aidera à comprendre et tu éviteras que ça se reproduise à l'avenir» tout en lui faisant un bon câlin. L'enfant aurait appris tout autant et se serait senti en sécurité. Le petit bonhomme était tout penaud par la suite et son père a renchéri: «Qu'est-ce qui te prend d'avoir cette mine abattue!» Pas étonnant que le corps de souffrance de cet enfant cherche à se dégager par la suite.

Les bases éducationnelles tendent à se reproduire

Si une personne est la proie de violence physique et verbale durant sa vie, en raison de son éducation par exemple, ou bien elle est comme un petit mouton rendue à l'âge adulte, ayant refoulé cette violence à s'en rendre malade pour ainsi dire, ou bien elle engendre ce qu'elle a vécu, soit de la rigidité puisque c'est son modèle de base. C'est ce qu'elle connaît, au point d'être mal à l'aise si des gens doux l'entourent. Peut-être aussi qu'elle aura su s'élever au-dessus de ça et faire son chemin avec un regard renouvelé sur les événements. Tout est possible, il n'y a pas deux individus pareils. Une personne aux prises avec un grand mal-être aimerait se sentir bien et en paix au fond d'elle-même, mais ne sachant comment y arriver, elle dénigrera ceux qui possèdent cette paix.

Le rôle du parent

Nous qui sommes parents, est-ce que nous prenons soin de nos vieilles blessures, nous donnons-nous du temps pour nous, pour nous accueillir dans ce que nous sommes vraiment? Acceptons-nous de reconnaître cette facette de nous, cette vulnérabilité? Est-ce possible de prendre conscience de l'émotion qui monte et de rester maître à bord le plus possible quand ça arrive? La laisser monter, l'accueillir avec amour et compassion et se faire aider à la transmuter au besoin. Juste par la prise de conscience, l'accueil, le calme, on fait de grands pas. Il est préférable de prendre un peu de recul que de verser nos surplus de négativité et d'incompréhension sur les autres, et sur soi par le fait même.

Il vaut mieux que le parent ait une vue d'ensemble de la réaction de l'enfant au lieu de tenter de contenir le symptôme, soit l'agissement proprement dit. Qu'est-ce qui provoque telle réaction? C'est là que tout se joue. Vous avez possiblement remarqué que si on est stressé, les enfants sont souvent plus turbulents. Ils nous renvoient notre image. Ils ressentent et réagissent. Mieux vaut parler de tout ça en détail une fois la tempête passée.

On peut lui demander:

- Qu'est-ce qui s'est passé en toi à ce moment, quand tu criais et pleurais?
- Comment t'es-tu senti?
- Était-ce une bonne ou une mauvaise sensation?
- Est-ce que tu peux donner un nom à cette chose qui prenait place en toi? Si l'enfant dit non, reformulez votre question: si tu devais donner un nom à ce que tu ressentais, ce serait quoi?
- Si tu pouvais voir cette chose en toi, ça ressemblerait à quoi?
- Comment t'es-tu senti quand cette chose est partie?
- Est-ce qu'elle est allée faire dodo, cette chose qui était en toi? Est-ce qu'elle est partie?

- Est-ce que tu penses qu'elle peut revenir ou est-ce qu'elle est partie pour toujours ? Et ainsi de suite.

Allez-y de votre intuition et en fonction de l'âge de l'enfant pour le choix des mots, bien sûr. En agissant ainsi, vous morcelez l'émotion et dès son jeune âge l'enfant apprend déjà à être témoin de ce qui se passe en lui et à l'exprimer. Dans des mots qu'il peut comprendre, vous pouvez lui expliquer qu'il vous arrive à vous aussi de ressentir de telles choses, et qu'en réalisant ce qui a déclenché le malaise, et en en parlant, vous vous sentez mieux et vous savez ensuite comment agir d'une meilleure façon.

L'enfant qui apprend à communiquer aura plus de chances de bien entrer en relation avec les autres enfants, de dialoguer au lieu de frapper ou de pleurnicher par exemple. S'il est en désaccord, il parlera plus efficacement et sera plus enclin à prendre sa place respectueusement et avec aplomb.

Si l'enfant venait à revivre une situation de colère comme celle abordée plus haut, où il exprime une réaction digne du corps de souffrance, ce qui est fondamentalement très humain, on pourrait lui dire doucement, au moment approprié : « Ah, c'est revenu. » Reprenez sensiblement les mots qu'il avait utilisés précédemment pour s'exprimer sur ce qu'il ressentait et invitez-le à sortir le monstre par la porte d'entrée, par la porte arrière ou par la fenêtre, sous forme de jeu.

Guider au lieu de réprimander

Si vous avez une attitude qui fait que l'enfant se sent encadré, appuyé, compris et conseillé, quelle richesse, quel bonheur et quelles valeurs ! Un tel accueil vaut beaucoup mieux que de critiquer et de réprimander sans expliquer la vie derrière tout ça. Si on dit à un enfant : « Ne touche pas à la cuisinière », il ne saura pas pourquoi à l'âge de 2 ans, mais si on lui dit que c'est chaud en approchant doucement sa petite main et en lui disant que ça peut faire mal, ce sera bien différent.

Réprimander sans expliquer avec le cœur équivaut à condamner, à écraser, à rabaisser et à nuire à l'épanouissement heureux tout en chargeant l'inconscient de blessures émotionnelles inutiles. Ne faisons pas ce que nous n'aimerions pas qu'on nous fasse et encore moins à un enfant sans défense.

Aidons-le à exprimer son plein potentiel sur tous les plans et pour bien y arriver, commençons par soi. Je viens de vous confier en toute humilité comment j'ai élevé mes enfants et ils n'ont jamais eu de crise d'adolescence. Ce sont aussi de grands amis, des êtres merveilleux, épanouis et quel bonheur de se dire mission accomplie. J'ai aidé ces êtres, ces âmes, ces petits cœurs d'amour à parvenir à l'âge adulte avec un coffre d'outils bien garni, parfumé d'amour et de conseils porteurs de bonheur, et ça continue. Notre relation est d'une profondeur qui ne s'explique pas tellement c'est sur un plan supérieur.

On a le droit de dire qu'on est fier de ce qu'on a accompli, qu'on en est satisfait. Pensez à toutes vos merveilleuses réussites, écrivez-les s'il le faut, ça aide à voir le beau côté de la vie, du chemin parcouru. Donnez-vous-la, cette bonne petite tape dans le dos remplie de félicitations, avec le sourire !

Je mentirais si je disais que tout était impeccable, mais avant de mettre des enfants au monde, c'était la promesse que je m'étais faite de leur donner le meilleur de moi-même à vie et de me donner le meilleur à moi-même aussi. On grandissait et on grandit encore ensemble dans ce parcours merveilleux. Ils ont une peine, ils me la confient, ils ont une joie, ils en font autant et vice versa, on s'accueille dans un amour d'une pureté indescriptible, loin de tout conflit, car on ne connaît pas ça.

Douceur pour le cœur

Histoire de canards

Lorsque deux canards ont une prise de bec, ça ne dure pas très longtemps. Ils se séparent et nagent en sens inverse en secouant leur plumage et en battant fortement des ailes pour se débarrasser du surplus d'énergie, et se remettent à voguer en paix comme si de rien n'était.

Mais si le canard avait un mental humain, il entretiendrait souvent la bataille dans son esprit en se racontant des histoires :

« Je n'en reviens pas de ce qu'il vient de faire.

Il s'est approché au point de me frôler.

Il pense que l'étang lui appartient à lui seul.

Il n'a aucune considération pour mon espace privé.

Je suis sûr que la prochaine fois il essaiera je ne sais quoi pour m'embêter, et qu'il est déjà en train de manigancer quelque chose.

Je ne me laisserai pas faire.

Je vais lui donner la leçon de sa vie... »

Et les histoires infernales continueraient pendant des heures, des jours, des mois, des années.

Auteur inconnu

Sourire, ça fait du bien !

Une entreprise souhaitant faire un grand ménage interne engage un nouveau président. Le nouveau patron est bien déterminé à débarrasser la compagnie de ses employés peu vaillants. En visitant l'usine, le président porte son attention sur un gars accoté à un mur. La pièce est remplie d'employés. Il se dit donc que c'est un bon moment pour leur montrer qu'il est sérieux. Il demande au gars :

« Combien gagnes-tu par semaine ? »

Un peu surpris, le jeune homme le regarde et répond :

« Je gagne 400 $ par semaine. Pourquoi ?

— Bouge pas de là. »

Il retourne dans ses bureaux et revient deux minutes plus tard en remettant 1 600 $ comptant au gars en lui disant :

« Voici quatre semaines de salaire. Maintenant, tu pars et tu ne reviens plus ! »

Avec le sentiment du devoir accompli, le président, s'adressant aux employés présents dans la pièce, demande :

« Est-ce que quelqu'un peut me dire quel poste cet incompétent occupait ? »

À l'autre bout de la pièce, une voix s'élève et dit :

« C'est le gars qui attendait d'être payé pour la pizza qu'on avait commandée. »

8

CHAPITRE

Un sens à sa vie

Réfractaires au plaisir

Il m'arrive de remarquer à quel point le plaisir demande encore à être cultivé dans certains milieux ou auprès de certaines personnes. Je faisais une conférence un jour pour un groupe d'une importante institution. Il y avait beaucoup de gens et à chacun, le comité organisateur avait demandé de venir à la conférence avec un objet (gadget) comique, que ce soit un chapeau loufoque, un stylo avec une tête de bonhomme sourire, un vêtement particulier, etc.

Je me demande s'il y en avait dix sur ce grand groupe qui avaient fait quelque chose en ce sens, et c'était surtout les gens du comité organisateur qui faisaient partie de ce nombre. Ce comité était très déçu, il va sans dire, et la résistance était palpable. Comme si le plaisir et le rire étaient des éléments qui discréditaient le côté professionnel. Pas besoin de vous dire que j'ai eu affaire à un groupe assez rationnel.

Je peux vous dire par expérience que les entreprises qui réussissent le mieux sur tous les plans sont celles qui valorisent le cœur, les valeurs de vie basées sur la communication, l'entraide, le partage, le soutien mutuel, la fraternité et le plaisir. Mais il y a encore des mentalités incrustées qui portent un jugement défavorable sur ça. Ah ! la vie, la société, autant de gens, autant d'opinions, c'est ça le défi de respecter chacun et de s'élever en gardant la vision du meilleur dans l'existence.

Pour se plaindre de ceci et de cela, critiquer, juger, l'humain a bien de la facilité, mais quand il est question de devenir un modèle d'inspiration lumineuse, de changer, de s'autoresponsabiliser totalement, c'est malheureusement une autre histoire. Bien sûr, il faut éviter de généraliser, mais il est tout de même encore bien courant d'assister à ce type de retenue.

Même si un groupe semble plus sombre dans ses réactions, je remarque toutefois qu'il est fréquent de voir des gens de ces groupes me recommander à un autre client, même si l'attitude démontrée semblait réfractaire. Je remarque qu'il y a encore une quelconque gêne pour certains à montrer qu'ils sont heureux, qu'ils peuvent s'amuser ; peut-être que l'effet de masse freine leur élan.

Serait-ce pour ne pas se sentir à part ? Se moulent-ils aux meneurs ancrés dans leurs vieilles attitudes alourdies et empreintes de domination à saveur négative ? Peu importe, ce n'est pas moi qui prétends avoir les réponses à ça, et en temps et lieu ils feront leur bout de chemin du mieux qu'ils pourront eux aussi. On s'apporte tous des enseignements mutuellement, mais pas de la même façon. Par contre, si des gens n'osent pas prendre leur place dans le plaisir, comme je l'ai longtemps fait avant que les événements m'y obligent pour ainsi dire, eh bien la vie passe et l'intensité du bonheur risque de se faire attendre.

La routine

La petite routine faussement sécurisante est encore le lot de trop d'individus. Comme s'ils aimaient mieux rester dans leurs problèmes, étant en terrain connu, que de plonger vers plus de lumière. Cette avenue leur paraîtrait-elle menaçante, hasardeuse, même de façon très inconsciente ? Peu importe. Ce n'est pas à nous d'en évaluer la portée, car on a bien assez de notre propre évolution dont s'occuper.

Mais quand on fait un choix de métier, comme moi par exemple, ou que ce soit comme intervenant en psychothérapie, en développement personnel ou par des thérapies énergétiques, c'est qu'on a fait le choix d'aider les gens à avancer vers un plus grand bonheur. Il est bien naturel de devenir très observateur, je pense. Alors, on sème tout de même le positivisme, la joie, du mieux que l'on peut, et on ne sait jamais à quel moment tout ça portera ses fruits quelque part, sans attente à la base.

Une femme transformée

Je considère que parfois, et c'est mon cas, ce n'est qu'avec les années que le passage de quelqu'un dans notre vie a des chances d'avoir des répercussions positives, lorsque certaines compréhensions se font enfin. Je me souviens d'une dame qui avait fait une session de formation avec moi dans mes premières années d'enseignement en métaphysique et en développement personnel, qui avait abandonné en cours de programme, me disant que ça ne la rejoignait pas vraiment. Elle était vraiment en résistance.

Six ans plus tard, je l'ai rencontrée dans un commerce où elle était caissière et elle m'a fait signe comme si elle voulait me parler. Alors que je m'approchais, elle me dit : « Tu sais, lorsque j'ai suivi des cours avec toi et que tu nous avais remis un important cartable de notes, je me sentais plus ou moins concernée et j'avais abandonné la formation. » Elle poursuivit.

« Un jour, j'ai vécu des choses très difficiles et c'est dans les notes de cours que tu m'avais remises que j'ai puisé la force et la compréhension pour m'en sortir, car là, j'étais prête. Aujourd'hui, je veux te remercier pour ce que tu as fait pour moi. Tu es devenue ma source d'inspiration. Et maintenant, à chaque personne que je rencontre à ma caisse, je m'assure de lui faire un sourire, un compliment ou de l'imaginer heureuse, en santé, lumineuse. Merci encore ! » Ouf ! Quel cadeau pour moi ce jour-là ! Ce n'est pas moi qui avais le mérite, mais elle.

Lorsqu'elle avait quitté la formation, elle avait même été un peu froide avec moi à l'époque. Quelle ne fut pas ma surprise de revoir une femme enjouée, rayonnante, épanouie, me disant que c'est grandement grâce à ce cours, qui aidait les gens à revenir à eux, à se centrer, qu'elle est devenue ce qu'elle est maintenant, qu'elle a retrouvé sa profonde connexion intérieure. Alors, faisons de notre mieux pour être des phares, des porteurs de lumière, des piliers qui éclairent par l'exemple, pour le plaisir de vivre ainsi et pour le rayonnement qui s'en dégage, sans avoir quoi que ce soit à prouver à qui que ce soit. C'est tellement merveilleux !

Être centré

Si notre esprit se fait vagabond, sautant d'une pensée à une autre sans être réellement guidé, on devient comme un bateau sans gouvernail. Imaginez que nous donnions huit directions différentes à notre GPS dans la voiture. Ça ne mènerait nulle part. Il est donc important de superviser notre esprit conscient. Durant la période de ma vie où je me suis retrouvée en danger quant à mon équilibre physique et psychologique, j'ai compris que le mot clé pour garder la paix en soi, c'est le mot « calme ». Je pense tant au calme des pensées, des émotions qu'à celui de nos attitudes. « Nul ne peut créer de grandes choses dans le bruit ou le tumulte intérieur et extérieur », comme l'affirme l'auteur Wayne W. Dyer dans son CD audio intitulé *Il existe une solution spirituelle à tous vos problèmes*[4].

4. Wayne W. Dyer, *Il existe une solution spirituelle à tous vos problèmes*, Carignan, Éditions Alexandre Stanké, Collection Coffragants, 2003 (livre audio).

Donc, je pense que l'atteinte des plus hauts sommets ne peut se faire que par l'accès au calme et à la joie qui nous relie à notre cœur, à la source, au divin en nous. Un athlète se doit de s'entraîner chaque jour s'il veut un jour parvenir au succès dans la discipline qu'il a choisie. C'est la même chose dans notre développement personnel. Plus vous vous intériorisez, êtes centré en vous-même, plus vite vous aurez la paix de l'esprit, qui est la condition essentielle pour établir un bon contact avec votre intelligence supérieure et obtenir vos réponses. Ainsi, on se donne plus de chances de conserver la qualité de notre taux vibratoire et de notre santé mentale et physique.

Vivre sereinement

Pour moi, construire le nouveau monde, c'est éliminer ses peurs de plus en plus, éliminer la compétitivité malsaine, l'hypermatérialisme qui est trop souvent source d'illusion de bonheur. C'est vivre en harmonie, créer la joie et la paix en soi et autour de soi, et se concentrer sur l'attente du bien, ce qui ne peut que favoriser l'accès à des énergies hautement évolutives.

Donc, où mettons-nous nos priorités, actuellement ? Sommes-nous sur une voie qui élève ou qui tire vers le bas comme on dit ? Laissons-nous les fantômes de la peur, du doute, de l'ego, des influences négatives extérieures et du négativisme venir assombrir la lumière en nous ? Notre libre arbitre s'exprime-t-il dans la joie ou la souffrance ?

Nous devons être à l'écoute de notre intériorité pour que puissent émerger les joies d'être en accord avec son intuition, ses valeurs, dans une dimension basée sur l'amour et la douceur de vivre dans un état de bien-être en notre cœur. Selon moi, une des grandes raisons de vivre que nous puissions avoir, c'est celle de découvrir qui nous sommes, de rechercher l'harmonie, la sereine évolution et de le faire dans la conscience de notre interrelation avec notre source, avec la Source, et le monde qui nous entoure.

Je considère que c'est bien important de réaliser que nous ne sommes pas nés initialement pour nous user à travailler dans un domaine qui nous rend malheureux, ni pour nous fatiguer de vivre à contre-courant dans un contexte qui nous est antipathique. Je pense que nous devons choisir notre vie, la manière dont on veut la vivre, oser prendre les moyens pour nous débarrasser du négatif et des souffrances le plus possible et faire les changements qui s'imposent où c'est nécessaire. Si une personne n'aime pas son emploi, est-ce que quelqu'un l'y amène de force ? On a la terre entière pour aller travailler, aussi bien en retenir les apprentissages et poursuivre sa route au lieu de blâmer. Plus facile à dire qu'à faire, mais ce n'est pas en restant recroquevillé sur nos schémas habituels que les choses peuvent s'améliorer. À nous de prendre le train du bonheur ! Un pas à la fois, une prise de conscience à la fois, un jour à la fois ou un instant à la fois, mais allez de l'avant.

On sait tous par expérience que ce n'est pas toujours évident dans la pratique. Il arrive des moments dans notre vie où d'importantes décisions doivent être prises et je pense par exemple à un couple qui hésiterait entre rester ensemble ou prendre des chemins séparés. Il peut se passer des mois avant d'en arriver à une décision bien éclairée. Dans certains cas, les partenaires choisiront de continuer à évoluer côte à côte et dans d'autres cas, ce sera un peu comme si la raison première qui les avait amenés ensemble ne les nourrissait plus.

Comme si dans notre contrat cosmique, si on veut bien me passer l'expression, on avait engagé la personne pour nous aider à faire telle évolution, et qu'une fois le contrat rempli chacun devait poursuivre sa route vers une destinée différente. Je mets un bémol sur cela, car ça ne veut aucunement dire de balayer les choses du revers de la main sous ce prétexte. Il est essentiel d'aller au fond de l'expérience qui se vit pour détecter ce qui fait que nous nous sommes retrouvés ainsi, et en comprendre les messages, et ce n'est pas dans l'accusation que ça se fera, mais bien dans l'ouverture du cœur, l'introspection, le calme, la joie, le silence et le soutien thérapeutique au besoin. Je sais que je me répète, mais je veux qu'on puisse se l'ancrer dans la tête tellement c'est important.

Mystifiante, la vie parfois, car vivre dans l'indécision demande beaucoup d'énergie et on a tous eu à vivre ça d'une manière ou d'une autre. C'est dans tout cela que la sagesse s'acquiert si on sait en retirer les apprentissages. Demander à notre esprit supérieur de nous guider aura toujours sa place aussi, ne jamais l'oublier.

Bien des gens cherchent un sens à leur vie

Je me pose parfois la question suivante : Pourquoi tant de gens ont-ils besoin de drogue dans leur vie ? La réponse qui me vient est la suivante : Je pense que quelque part sur leur parcours il y a eu un chaînon manquant qui a fait en sorte que le bonheur recherché n'a pas pu trouver sa source en eux, d'où le besoin d'une compensation artificielle et pour eux, c'est ce qui s'est présenté comme béquille.

Il y a bien des outils disponibles maintenant, que ce soit le simple dialogue avec une personne de confiance, des consultations psychologiques, des formations ou des lectures sur le développement personnel, l'estime de soi, etc. Si les gens allaient davantage chercher de l'aide à temps, ça pourrait possiblement être très différent.

D'où l'importance de l'éveil, car si une personne ne réalise pas qu'elle peut avoir accès à un pouvoir personnel inné, elle ne pensera peut-être pas à aller chercher de l'aide. Elle pensera : « Ainsi va la vie, on est faits pour souffrir » ; ce n'est pas aussi cru que cela, mais on en comprend le sens. Si on enseignait encore plus la passion, le développement personnel, les grandes lois de l'esprit, la gestion de son être profond dans les écoles ou à grande échelle dans plusieurs milieux, on aurait une société bien différente et plus heureuse selon moi. Il se fait de grands pas en ce sens, de plus en plus du moins.

J'ai d'ailleurs le bonheur de temps à autre de faire des conférences pour des adolescents et cela est merveilleux. J'ai droit à des témoignages touchants, des partages de bonheur, mais aussi des partages de détresse où il était temps que le jeune parle. Le besoin est immense sur ce plan dans toutes les couches de la société d'ailleurs.

Douceur pour le cœur

Le bol de bois

Je vous assure que vous vous souviendrez du bol de bois demain, dans une semaine, un mois, une année...

Un vieil homme tout frêle va vivre avec son fils, sa bru et son petit-fils de quatre ans. La main du vieil homme tremble, sa vue est embrouillée et sa démarche vacillante. La famille mange ensemble, à la table. Le vieux grand-papa éprouve de la difficulté à manger. Les petits pois glissent de sa cuiller et tombent sur le plancher. Quand il prend son verre de lait, il le renverse sur la nappe.

Le fils et son épouse sont irrités par le gâchis. Le fils affirme : « On devrait faire quelque chose à propos de papa. J'en ai marre du lait renversé, du bruit qu'il fait en mangeant et de la nourriture sur le plancher. »

Alors, avec son épouse, il installe une table dans un coin de la cuisine. Là, le grand-père mangera seul pendant que la famille prend son repas à la table. Étant donné que le vieil homme a brisé de la vaisselle, sa nourriture est servie dans un bol de bois. Quand les membres de la famille jettent un coup d'œil en direction de grand-papa, il leur arrive de voir une larme glisser sur la joue du vieil homme assis tout seul. Malgré tout, ils continuent à maugréer contre lui lorsqu'il échappe sa fourchette ou sa nourriture.

Le petit-fils observe tout en silence.

Un soir, avant le souper, le papa remarque son fils qui joue avec des morceaux de bois qui jonchent le plancher. Il lui demande gentiment : « Que fabriques-tu ? » Tout aussi gentiment, le petit garçon répond : « Oh ! Je fais un petit bol pour toi et pour maman afin que vous mangiez votre nourriture dedans lorsque je serai plus grand. » Le petit garçon sourit et continue son travail. Ces mots ont l'effet d'une bombe sur les parents qui deviennent silencieux. Des larmes commencent à ruisseler le long de leurs joues... Sans dire un mot, ils savent ce qu'ils doivent faire.

Ce soir-là, le fils prend la main de son vieux père pour le ramener gentiment à la table familiale. Pour le reste de ses jours, il mangera tous ses repas avec la famille. Et pour on ne sait quelle raison, ni le fils ni son épouse ne font de cas quand il échappe sa fourchette, renverse du lait ou salit la nappe.

Auteur inconnu

Sourire, ça fait du bien!

Un kangourou ne cesse de s'échapper de son enclos au zoo. Les gardiens, sachant que ces bestiaux peuvent sauter très haut, décident de mettre une barrière de trois mètres de hauteur. Le lendemain matin, ils retrouvent notre kangourou rôdant dans le parc du zoo. Ils élèvent alors une barrière de cinq mètres de haut. Le kangourou s'échappe encore. Quand la barrière atteint les dix mètres quelques jours plus tard, un éléphant se trouvant dans l'enclos d'à côté demande au kangourou:

«À ton avis, jusqu'à quelle hauteur ils vont monter?

— Je n'en sais rien, mais avant qu'ils pensent à fermer la porte de l'enclos à clé, ils peuvent monter très haut...»

9

CHAPITRE

Quelques histoires d'ego assez particulières

Je vais vous parler maintenant de quelques faits pour démasquer certains visages de la personnalité, de l'ego, pour que celui-ci soit encore plus facile à reconnaître. Si les personnes dont il est question avaient été mieux renseignées, elles auraient agi différemment, bien sûr.

Rire des autres pour camoufler une marginalité néfaste

J'ai remarqué dans les conférences portant sur la joie, la santé et le plaisir particulièrement qu'il arrive dans certaines salles que des «leaders» négatifs aiment se faire voir et tentent d'influencer les autres comme pour les amener dans leur clan. On dirait qu'ils aiment dénigrer la lumière, le positivisme. Ils ne veulent rien savoir et semblent aimer faire en sorte que d'autres se sentent mal d'aimer le fait de vivre des moments heureux et enjoués.

L'ego s'active et ils n'en sont malheureusement pas conscients, mais ça saute aux yeux. Voyons ce qui peut se cacher derrière, même si c'est très déplaisant à vivre et à côtoyer. Si la porte s'ouvre, on peut tenter de démasquer quelque peu avec délicatesse, mais la prudence s'impose. On dit souvent : Ne donne pas un conseil qui ne t'est pas demandé.

Je faisais une conférence un certain jour et j'avais une assistance de près de 400 personnes. Dans la salle, une dame se moquait d'une autre participante près d'elle qui essayait de prendre plaisir à ce qui se vivait de merveilleux lors de cette soirée. Elle la ridiculisait quand elle riait, comme pour tenter de se sentir moins seule dans son monde assombri par des souffrances non affranchies et non réglées, selon moi.

Donc, n'est-ce pas l'expression d'une personne à la recherche d'elle-même ? Si elle connaissait le vrai pouvoir, soit celui de s'autoresponsabiliser face à son bonheur, elle n'aurait aucun temps à perdre à faire de la dissuasion négative autour d'elle. Elle serait bien trop occupée à chercher à s'épanouir et à vivre dans plus de lumière. Mais comment peut se vivre sa vie au jour le jour ? Donner un sens à sa vie, c'est aller au-delà de ces concepts d'ego, c'est déchirer les voiles de l'illusion qui embrouillent l'accès à l'oasis intérieure.

Une employée désabusée

Dans un même genre de situation, je faisais une conférence un jour pour un groupe de plusieurs centaines de personnes et le plaisir était au rendez-vous. Dans le fond de la salle, mon conjoint avait remarqué qu'il y avait une dame qui voulait sortir des lieux et qui tentait d'entraîner une collègue qui pourtant semblait très bien, elle. Elle réussit finalement à faire se lever la dame pour ne pas être seule à sortir, et pour se sentir plus forte, je suppose. En passant le seuil de la porte, elle dit tout haut en parlant de moi : « Elle là, elle m'énerve autant que ma maudite job ! »

Vous excuserez le langage, mais c'était ainsi. Du tac au tac, mon conjoint l'a regardée en plein dans les yeux et lui a dit : « Madame, je vous félicite d'avoir quitté un endroit dans lequel vous vous sentiez mal à l'aise. Maintenant, je vous souhaite d'avoir le même courage pour en faire autant avec votre emploi.» Stupéfaite, elle le regarda dans les yeux, envahie par un élan de réflexion spontané.

Là encore, je ne peux rien faire pour quelqu'un qui vit une telle situation, à moins que la personne ne me demande de l'aide ou ne laisse transparaître une lueur d'espoir, et c'est rare dans ces cas. Quand on peut ramener la personne à elle-même sans qu'elle soit sur la défensive, c'est un plus et c'est dans l'expérimentation d'un autre point de vue que le changement peut se faire.

J'ai suivi une formation sur le stress il y a quelques années, et on nous expliquait que si on remonte à près de quatre générations, les gens vivaient en moyenne de quatre à cinq stimulations de stress par semaine. Ces années-ci, on en vit au-delà de 50 par jour. Pas surprenant de voir des gens à bout de patience, fatigués, etc.

L'exemple de cette employée me démontre qu'on doit à la fois lâcher prise et se dire que chaque personne fait du mieux qu'elle peut avec ses ressources actuelles. Si elle fait quelque chose qui nous déplaît, on pourrait se dire: «Elle a le droit, elle est différente.» C'est plus ou moins évident, mais au moins si ces quelques mots peuvent nous aider à baisser notre niveau de stress, c'est ça de gagné.

L'important, c'est d'en arriver à utiliser les souffrances, les événements, les autres, nos réactions, etc., comme moteur de transformation, comme s'il s'agissait de panneaux indicateurs sur la route. Au risque de me répéter, je me dis souvent que dans tout ce qui m'arrive, je me dois de percevoir ce que ça m'apprend sur moi. En quoi cet événement me fait-il grandir? Vivre consciemment, c'est tout ça. La loi d'attraction prévaut pour tout et si on n'aime pas quelque chose, c'est à nous de changer nos pensées et nos actions pour mieux nous réorienter.

En conservant une belle énergie radieuse et sincère, on s'immunise beaucoup plus contre ces personnes et contre nos propres états négatifs. On augmente nos chances de vivre de moins en moins de situations assombries, car la puissance de la loi d'attraction fonctionne avec la polarité tant négative que positive. Cette loi est neutre, c'est nous qui l'activons, consciemment ou non, soit dans un sens ou dans l'autre.

Mme BM

Toujours un peu dans ce même genre de comportement où l'ego et le mal-être non reconnus s'activent, il m'est arrivé une anecdote dans un certain groupe. Avant que je prononce ma conférence, on m'avait avertie de ne pas m'en faire, mais que je verrais arriver celle qu'ils appelaient « madame BM », pour BMW, et qu'elle ferait de son mieux pour afficher ses clefs en plein centre de la table pour que tous puissent les voir avec son porte-clés portant l'effigie de la marque.

C'est exactement ce qu'elle a fait et elle n'a pas écouté la conférence du tout. Elle parlait aux autres à la table durant ma présentation, tentant de les entraîner dans son approche particulièrement hautaine. Comme si elle était plus belle, plus fine que tout le monde et au-dessus de tout. Cette phrase peut avoir l'allure d'un jugement, mais c'est un peu en ces termes qu'on me l'avait décrite, malheureusement pour elle.

Les gens n'étaient pas dupes. Si on pense que ces derniers ne voient pas clair dans certains traits de notre personnalité, d'après moi on se trompe, car souvent les autres peuvent s'apercevoir de nos inconforts ou attitudes déplacées bien avant nous. Chaque chose en son temps : quand on a assez accumulé ou qu'on est assez entré en soi, on y voit plus clair et le ménage se fait progressivement. Ainsi va la vie.

À mon avis, si on a besoin de matériel pour vouloir impressionner, serait-ce qu'on est à la base très peu impressionné par soi-même, inconsciemment ? La personne pense le contraire par contre. Ça en fait quasiment pitié ! Tout ça pour dire que le mode de vie axé sur le langage du cœur est très nourrissant dans notre quotidien et qu'il nous permet de mieux comprendre nos travers et ceux de l'entourage.

On peut ainsi s'élever davantage au-dessus des situations et mieux se protéger si besoin est. On peut plus facilement se détacher des comportements négatifs d'autrui et limiter ainsi l'influence qu'ils pourraient avoir sur nous. On comprend davantage la vie et le fonctionnement humain. Je pense que ce n'est pas à la qualité de leur richesse matérielle qu'on peut évaluer la réussite des autres, mais plutôt par rapport à la qualité du bonheur dans leur vie, dans la douceur de leurs mots, dans leur rayonnement profond et dans l'éclat de joie dans leurs yeux. Loin de moi tout jugement, c'est une constatation. C'est la même chose pour soi-même.

Profiter des autres

Quel piège à long terme ! Imaginez que des personnes agissent en voulant satisfaire leur intérêt financier d'abord sous le prétexte de vouloir aider les autres. C'est curieux, car une fois leur objectif atteint, ces gens qu'elles ont approchés ne font souvent plus partie de leur cercle d'amis. Ça parle, n'est-ce pas ? Ils avaient besoin de ces contacts pour aller vers une bonne affaire, pour monter un système de vente pyramidale, pour installer un réseau de services par exemple.

Proposer des choses aux gens, leur faire des promesses de retombées intéressantes, mais en vain, à quoi bon ! Toute forme de manipulation de ce genre relève d'un ego bien présent, pour ne pas dire dans certains cas un manque de savoir-vivre. Toutefois, il n'est pas donné à tous d'avoir eu la chance d'être affectueusement guidé, conseillé avec amour, etc. Donc, on comprend, même si c'est bien désagréable.

À nous d'en tirer la leçon et de nous éloigner, et au besoin d'oser dénoncer, car être zen, comme on dit, ne veut aucunement dire se laisser marcher sur les pieds, se faire écraser ou être abusé. Le respect doit être au rendez-vous. On peut aussi voir les choses sous un autre angle selon lequel ces personnes sont venues nous faire vivre un apprentissage dans la grande pièce de théâtre de la vie et repartent une fois leur mission accomplie. Bien sûr, tout ça se passe sur le plan invisible.

La domination affective

Tout comportement qui accuse, discrimine, engendre de la violence verbale ou physique est à bannir, à fuir et à soigner. Que se passe-t-il dans une relation où la chicane est présente, où les corps de souffrance se défient à tour de rôle ?

Il y a de la peine, un mal-être, de la douleur de la part des deux parties. Si on reconnaît ce type de comportement chez soi, on se corrige si on le fait vivre à d'autres, ce qui est fortement souhaitable. Avoir mal en dedans et agir ainsi est le reflet d'un mal-être non reconnu, et ce n'est pas en accusant l'autre que le mal va disparaître. Si une personne le vit et qu'elle a tenté d'aider l'autre, elle doit penser à elle, se protéger en comprenant le message, en découvrant ce qui l'a attirée vers cette autre personne, consciemment ou inconsciemment, et qui fait qu'elle se retrouve dans une telle situation. Personne ne mérite d'endurer ça. Chercher à en comprendre le message et si l'autre choisit même à son insu de rester sur sa position, eh bien que pouvons-nous y faire à part souhaiter du bien et prendre les décisions qui s'imposent. Le but n'est aucunement de brusquer quoi que ce soit, bien entendu, mais d'être bien lucide dans ce qui est.

Souvent, ce sont les corps de souffrance qui se font écho et se stimulent mutuellement en tentant de s'expliquer. Observer nos actions et nos réactions, c'est à tout moment et les relations affectives sont un des meilleurs champs de pratique.

Une dame qui n'aime pas le rire

Voici un autre exemple que j'ai vécu lors d'une conférence qui portait sur la santé par le rire et le plaisir. Le groupe comptait au-delà de

100 personnes et les rires déferlaient presque sans arrêt. Vint un moment où les gens riaient tellement que les décibels montaient très haut. Cette dame en question regarda sa voisine en se bouchant les oreilles avec ses doigts et avait une face de dégoût par rapport à ce qui se passait. En bon québécois, on dirait qu'elle avait une face surette. Quel dommage que la joie soit difficile à porter quand le mal en dedans prend toute la place !

Rejet d'un handicapé

Dans la même présentation, il y avait une autre personne qui est arrivée avec son ego bien en selle. Un handicapé se trouvait juste à l'entrée de la salle avec son fauteuil roulant et une petite rampe le séparait des autres spectateurs. Cette personne a décidé de s'asseoir juste devant lui, l'a regardé en plein visage et a mis son manteau sur la rampe en pleine conscience qu'elle lui obstruait la vue de la scène.

Son moi s'imposait, de toute évidence. Quel dommage, on aurait le goût de lui dire : « Bien voyons donc, ne voyez-vous pas que ça dérange cette personne ? » Heureusement, un homme a eu le courage d'aller lui dire et la frustration a été perceptible lorsqu'elle a retiré son manteau. Donc, corriger nos défauts en observant les comportements malheureux autour de nous, c'est aussi une bonne école. On observe, on est conscient et on reste le plus neutre possible face à ce qui est, tout en constatant que la personne ne réalise possiblement même pas son degré de souffrance, pour ne pas dire d'arrogance parfois.

Pour la courtoisie, on repassera !

Une personne me racontait qu'elle était dans la salle d'attente d'un cabinet de médecin. La salle était bondée quand un couple est arrivé et la dame avait de la difficulté à se mouvoir. L'ami qui me racontait l'histoire me dit s'être levé pour laisser la place à la dame, mais c'est son mari en forme qui prit la place, laissant la dame mal en point debout, les autres l'ignorant et continuant à bavarder. Quelle stupéfaction ! Et là, on oublie la courtoisie ou la galanterie habituelle des hommes envers les femmes. Et ça ne s'est pas arrêté là. Un autre couple est arrivé et la même situation s'est répétée, la femme avait de la difficulté à marcher et le monsieur allait bien.

Une autre personne s'est alors levée pour laisser sa chaise à cette dame, et là encore, c'est le monsieur qui a pris la chaise. Les deux bons samaritains se sont regardés, totalement déconcertés. Vivre consciemment, semer l'amour, la fraternité ne laisse pas de place à de telles situations si particulières. L'ego et le syndrome du moi, moi et encore moi, en fait faire des belles et quand l'éducation n'a pas enseigné ces choses, eh bien c'est encore moins évident. C'est malheureux, mais ces gens sont plus ou moins insouciants de la portée de leurs actions, l'ego est de la partie.

Bien pris qui croyait prendre

Un conférencier me racontait que dans une formation qu'il donnait, il y avait un exercice qui amenait les gens à mieux se connaître par le dessin thérapeutique, ce qui est très puissant pour aller chercher des perceptions de soi dans l'inconscient, et très apprécié des gens. À un des points demandés, les participants étaient invités à faire un dessin à partir d'un symbole donné et à lui donner un titre en lien avec ce que représentait ce dessin pour eux.

Il y avait une personne qui dessinait quelque chose de très particulier, et pour les besoins de la cause, je dois vous dire le titre qu'elle avait donné à son dessin, excusez l'expression, mais c'était la sienne... elle avait écrit « Trou de cul » et avait fait un dessin qui allait avec son titre. Elle s'amusait à montrer son dessin aux gens à la table et autour et faisait tout pour discréditer l'exercice, n'en sachant même pas le but, car les significations étaient données à la fin quand les différents éléments avaient tous été couverts.

Cette personne se montrait arrogante et disait aux gens : « Personne n'est capable d'en dessiner un beau comme moi. » Quelle ne fut pas sa stupéfaction quand les significations furent dévoilées ! Cet espace dans l'exercice signifiait : « Comment je crois que les autres me perçoivent. » Elle est devenue toute rouge et toute croche, mal à l'aise, et est sortie de la salle en pliant bagage. Les autres sont restés polis, mais avaient vraiment envie de sourire devant la situation, et non pas de rire de la personne.

C'est dommage qu'elle soit partie, j'espère qu'elle a pu faire une introspection profonde, car un grand message venait de passer. Cette personne avait besoin d'aide. Elle se voyait moins que rien sous une façade de clown triste et arrogant. Donc, l'ego entraîne des comportements, mais ce qui se cache derrière est porteur de grandes vérités et de grands tremplins de guérison quand c'est mis à profit pour un changement heureux.

De telles histoires, vous en avez sûrement plusieurs à raconter ; on en a tous vécu personnellement ou en tant que spectateur. Le but est de s'en inspirer positivement, c'est tout. C'est comme ça qu'on apprend. Des jours, tout va bien, d'autres jours, on s'ajuste et on continue.

Douceur pour le cœur

La fenêtre

Un jeune couple venait de s'installer dans un nouveau quartier. Un matin, au moment où le couple prenait le petit déjeuner, la femme aperçut leur voisine qui étendait du linge sur un séchoir dehors. Quel linge sale, dit-elle ! Elle ne sait pas laver, cette dame ! Son mari regarda la scène, mais garda le silence. C'était le même commentaire chaque fois que la voisine faisait sécher son linge. Après un mois, la femme fut surprise de voir un matin que le linge de sa voisine était bien propre et elle dit à son mari : « Regarde ! Elle a appris à laver son linge maintenant. Qui peut bien le lui avoir enseigné ? » Le mari répondit : « Personne. Je me suis levé tôt ce matin et j'ai lavé les vitres de notre fenêtre. »

Ainsi va la vie. Tout dépend de la clarté de la fenêtre intérieure à travers laquelle nous observons les faits. Avant de juger, il faudrait peut-être vérifier la qualité de notre regard. C'est alors que nous pouvons voir la véritable essence qui vibre au cœur des autres malgré les masques de défense accumulés dans cette nature humaine où chacun tente de trouver sa place.

Auteur inconnu

Sourire, ça fait du bien !

Une étude récente a démontré qu'un golfeur assidu marche environ 900 kilomètres par année. Une autre étude a découvert qu'un golfeur assidu boit, en moyenne, 19 gallons de bière chaque année.

On peut donc conclure, sans risquer de se tromper, qu'un golfeur assidu fait 47 kilomètres au gallon !

CHAPITRE 10

Conscience de soi et spiritualité

Faire place à la lumière

Si une personne n'a pas encore une spiritualité très présente, je me dis que dans le fond d'elle-même la lumière vit tout autant, puisqu'elle est un être tiré de la Source. Ainsi, je considère que son niveau profond reconnaît cette lumière. Donc, toutes les graines qui auront été semées en elle ont un jour des chances de finir par germer et faire au moins quelques fleurs quand les conditions seront plus propices. À souhaiter que ce soit un jardin complet qui en émerge même. On le sait, les floraisons ne se font pas toutes à la même vitesse.

Alors, rendons grâce à cette lumière qui nous habite et à la conscience qui nous permet de nous élever dans les merveilleuses sphères de la spiritualité et de l'être dans toute sa splendeur. Je souhaite que chacun puisse trouver sa voie le plus tôt possible si ce n'est déjà fait, afin de savourer les joies de l'accomplissement personnel, toujours plus au jour le jour.

L'urgence d'être bien

Je présente souvent la réflexion suivante aux gens en salle : « Sur une échelle de un à dix, où se situe votre niveau de rire et d'humour au quotidien ? À quand remontent vos derniers fous rires ? » Comme je le laissais entendre précédemment, pour trop de gens le rire et le plaisir sont devenus d'une rareté exceptionnelle dans leur vie. Peu surprenant de voir autant de maladies de toutes sortes, de stress, de dépressions, etc. Trop de gens sont débranchés partiellement d'eux-mêmes, de leur source, de la Source. On s'entend sur la signification du mot « débranché », c'est-à-dire qu'ils n'exploitent pas leur vrai potentiel intérieur, qu'ils ne sont souvent pas conscients qu'ils ont tout ça en eux.

Il y a actuellement un sentiment d'urgence sociale que pas assez de gens arrivent à cerner selon moi. Pour la plupart, cette urgence s'exprime dans la course folle du quotidien, genre métro-boulot-dodo. Surcharge de travail, emploi mal adapté aux valeurs : tel est le lot de trop d'individus. Et si l'urgence était ramenée à celle de se reconnecter à soi, à avoir du plaisir, à rire plus, à avoir de bons amis, à instaurer le calme, la méditation, l'intériorisation, la spiritualité comme parties intégrantes du quotidien, on assisterait à tout un changement. Ça s'en vient, on le sent, mais quelle apogée que ce stress humanitaire actuel !

Par exemple, faites l'expérience aussi simple que de tenter de penser à quelque chose de négatif et de vous mettre le plus beau des sourires dans le visage en même temps. Le négatif a beaucoup de difficulté à prendre la place. On constate que l'effet du sourire domine. Il faut avoir du plaisir dans ce qu'on fait et ce qu'on est afin de faire « exploser » notre énergie. Il se peut que la vie soit actuellement dans une période difficile, que le sourire soit moins spontané, et pourtant, il aide à faire virer le vent de bord, car la joie est un des moteurs de la transformation.

Gare à nos pensées

La gestion de nos pensées, de nos attitudes, demeurera toujours une avenue incontournable, qu'on y croie ou non. On n'a qu'à imaginer que je vous dise ceci : « Pensez que vous avez un quartier de citron très sur dans la bouche actuellement et imaginez que vous le croquez à pleines dents. » Quelle sera la réaction ? Grimaces, hypersalivation soudaine. Tout est relié en nous. Les pensées influencent le corps, et vice versa. Imaginez maintenant que vous croquez dans un morceau de chocolat au lait. Bien différent comme sensation, n'est-ce pas ? Et on a juste imaginé.

L'unité psychophysique que nous sommes répond à tous les messages qui lui sont envoyés à travers les sens, les émotions et les pensées, le tout étant en interrelation comme on le sait si bien. Question de caricaturer un peu, je pourrais dire que les gens stérilisent trop souvent davantage leur vaisselle que leurs pensées.

Donc, par ces deux cas, j'ai simplement voulu démontrer que trop de gens sont privés d'un outil merveilleux qui est l'éveil à leur puissance intérieure. C'est pourquoi les personnes plus sensibles à ça ont un rôle social à accomplir, un enseignement, et vous en faites partie, n'est-ce pas merveilleux ! L'exemple parlera souvent plus que les mots.

On doit aussi laisser les gens apprendre de leurs expériences sans les forcer à quoi que ce soit. Et si c'était ça, leur chemin de vie, leur rythme d'évolution, leurs expériences inconsciemment choisies pour évoluer ? On pourrait en discuter longtemps, car tout un jeu de croyances s'interpose. Le but n'est vraiment pas de tenter de démystifier ces dessous, mais de se situer soi-même par rapport à son cheminement en s'inspirant de ce qui nous entoure et de notre parcours pour y voir plus clair. Pas toujours facile, j'en conviens. La vie est une grande pièce de théâtre et nous y jouons tous des rôles, sauf qu'on a le libre arbitre de les choisir pour notre plus grand bien.

Une anecdote comique en lien avec les pensées

À l'été 2007, une dame était en visite chez nous pour quelques jours. Étant à la campagne, nous avions un coq et quelques poules qui déambulaient paisiblement sur le terrain. Un bon matin, elle décida de passer l'aspirateur central dans la voiture. Elle branche donc le boyau dans la prise murale de la maison et le sort jusque dehors, laissant la porte ouverte par ce beau matin chaud et ensoleillé.

Elle aime bien rire, taquiner, faire des blagues. Elle est veuve et la présence d'un conjoint dans sa vie lui manque parfois. Dans son style coloré, elle se plaisait à dire cette journée-là que ça lui ferait du bien d'avoir un «bon coq» dans sa vie, et quelquefois dans la journée elle répétait: «Oui... Je vais me faire arriver un bon coq.»

Le soir venu, vers 21 heures, après une bonne journée de plein air, elle se rend à sa chambre et tout à coup elle nous demande de la rejoindre en disant: «Venez ici tout de suite, vite!» Nous allons voir et nous nous esclaffons en voyant notre petit coq, bien vivant, se promener au pied de son lit. Il s'était infiltré dans la maison à notre insu le matin, et comme par «hasard» il était exactement là où elle avait commandé un coq au sens figuré, soit à ses côtés, près de son lit. Comique, direz-vous, mais combien cocasse. Elle avait eu livraison de sa commande en quelque sorte. Croyez-vous qu'il est important d'être précis sur ce que l'on veut vraiment?

Notre corps nous parle

Avez-vous remarqué à quel point on se sent bien lorsqu'on est en accord avec sa vraie identité, celle qui vibre à partir du cœur, hors de la dualité, qui n'a pas besoin de prouver quoi que ce soit à qui que ce soit? On sent qu'on évolue sainement dans son corps, son âme et son esprit. Les expériences sont nourrissantes et énergisantes.

Notre corps est un sage messager quand on l'écoute. Si le corps a mal, selon moi et mes expériences, il y a gros à parier que ce qu'on vit ne nous nourrit plus sur certains plans, que des blessures émotionnelles profondes tentent d'envoyer leurs messages par le corps pour être libérées, etc. Il y a bien des causes à des problèmes de santé, mais je crois fermement et par expérience que ces raisons sont valables dans bien des cas.

Y a-t-il un semeur de maladies qui propage celles-ci au-dessus des villes ? Des questions se posent. Pourquoi dans de mêmes conditions certains ont-ils des problèmes et d'autres non ? Ça parle. Les fondements profonds diffèrent, la prise en charge de sa santé aussi, de même que les conditions de vie et dans certains cas la génétique. Mais est-ce que les habitudes et les croyances n'auraient pas une grande influence aussi ?

Un message du corps

En ce qui me concerne, tant que je n'avais pas fait ces changements en dedans, mon état était bien différent en tous points. Ça ne veut aucunement dire que parce qu'on est conscient on est à l'abri de tout ça. Soyons lucides, mais nous avons un outil de prévention important.

Je prends un exemple. C'est très rare que j'ai un rhume. Oui, il y a une question de système immunitaire, mais ce que j'ai pu remarquer et apprendre au fil des années dans différentes formations en lien avec la santé, les émotions et le corps, c'est que ce n'est peut-être pas un hasard qu'on dise « rhume de cerveau », car le rhume se déclenche entre autres si on vit une période de confusion, qu'on s'en demande trop, qu'on sent qu'on en a trop à faire. Comme si le corps avertissait qu'un peu de repos serait nécessaire.

En tout cas, pour moi, c'est un indicateur fiable quand ça arrive. Je reconnais le signal, je me parle un peu en observant ce qui constitue cette suractivité, et souvent c'est fini en quelques heures. Il m'est arrivé dans ma vie d'avoir besoin de soutien médical, mais en cas de besoin, je peux aller en homéopathie, en approche naturelle, ça me rejoint plus. Merci à nos médecins qui font un merveilleux travail, mais si on peut les aider à nous aider ou les garder à distance tellement on va bien, c'est encore mieux.

On a le droit d'être bien et en santé tout le temps. Je voyais une émission de télé récemment où on rapportait que bien des patients qui vont chez le médecin ne sentent pas qu'ils ont eu une bonne consultation s'ils ne ressortent pas avec une ordonnance. N'est-ce pas, jusqu'à un certain point, être dans une dimension extérieure à son capital santé, cette prise en charge préventive, etc. ? Je ne juge pas, mais c'est bien dommage à mon sens. Quand une ordonnance est nécessaire, oui, mais que fait-on chacun pour soi une fois rendu à la maison ?

Je ne suis pas à l'abri des difficultés, car on a tous des zones peu familières dans notre monde intérieur, mais je prends soin de moi le plus possible par l'alimentation, l'exercice et mes pensées. Ce n'est pas parfait, bien sûr, mais c'est un mode de vie qui m'interpelle tout le temps, c'est automatique.

Oui, je peux avoir des tensions dans le dos comme bien des gens, mais je les entends et les écoute. Un bon massage, un bon bain chaud, de la détente et on repart en conscientisant ce qui a causé ces raideurs musculaires. Je vis du stress comme vous, mais en ayant ces outils on avance avec plus de clarté. Je fais ce métier par passion, mais aussi parce qu'il me garde en contact avec ces valeurs. C'est super nourrissant.

En se regardant bien à l'intérieur ou en se faisant aider à y voir plus clair, des émotions peuvent être dégagées, un temps d'arrêt peut être nécessaire et je ne parle pas nécessairement de maladies graves, mais de malaises reliés au stress, par exemple. Nos choix et nos attitudes sont parfois à revoir.

Comme l'explique si bien un de mes amis, Gaétan Morin, spécialiste de la conscience humaine, des chakras, du monde invisible :

> À la naissance, l'âme s'intègre dans le corps du bébé et le voyage commence. Même si le processus d'incarnation comprend trois éléments, soit le corps, l'âme et l'esprit, il faut y voir un tout indissociable. Il est bien de le décomposer pour le comprendre, mais cette dissociation alimente aussi la dualité. Il est préférable de voir ce processus comme un tout.
>
> La dissociation affecte notre capacité de nous responsabiliser et d'intégrer certaines expériences. Il y a des gens qui, souvent, en parlant de l'âme, disent : « C'est bon pour mon âme », ou encore « Mon âme devait avoir besoin de ça ». Pour moi, il s'agit ici d'un exemple de dissociation. Ils parlent d'eux à la troisième personne, comme on dit parfois lorsqu'on fait une gaffe : « Eh qu'il n'a pas été fin de faire ça ! » en parlant de nous-mêmes. Les perceptions extrasensorielles sont tout simplement le raffinement de nos cinq sens, le goût, l'odorat, l'ouïe, la vue et le toucher. C'est par ces cinq sens que nous pouvons sentir la vie en nous et expérimenter toute la gamme des émotions possibles. Parfois, certaines situations nous obligent à nous couper de nos sens. Par exemple, une douleur intense à la suite d'une brûlure ou d'une fracture peut nous obliger à nous déconnecter d'une région spécifique du corps. Les émotions douloureuses et déchirantes nous obligent à nous déconnecter également du plan émotionnel, donc à ne plus ressentir nos émotions. D'un point de vue plus positif, ces mêmes sens nous font ressentir la joie, l'amour, la douceur et toute la gamme des sensations agréables.
>
> Nos sens nous servent à goûter pleinement la vie. Les gens qui, pour toutes sortes de raisons, se coupent de leurs sens mettent à long terme leur vie en danger. Une personne déconnectée utilise son corps comme une machine. Elle néglige ou ignore les signaux émis par ses sens, comme la douleur et la fatigue, bien sûr, mais

aussi la douceur et le bien-être. En effet, ce sont les mêmes senseurs qui agissent dans les deux cas. Pour sentir la vie, l'amour, la joie, il faut accepter d'être sensible à la douleur et à la peine, sinon la vie ne goûte plus rien[5].

Gaétan m'a beaucoup aidée dans mon parcours par ses formations, ses conseils, et cette amitié est toujours bien présente. Merci.

L'empreinte énergétique

Lorsque nous vivons un événement difficile, il y a une certaine information qui est enregistrée par nos cellules, en fonction de la force de l'impact vécu ; avec le temps, si le tout est entretenu ou non libéré, il va se cristalliser dans le corps et je parle par expérience de mon dos. J'en ai eu longtemps la preuve. Maintenant, il peut m'arriver d'avoir des tensions occasionnelles de fatigue, de stress temporaire, mais autrefois c'était des douleurs chroniques. Oui, il y a l'aspect mécanique du corps, mais en assouplissant les pensées et les émotions, les répercussions dans le corps ont plus de possibilités de faire un bon bout de chemin. Un certain relâchement peut se faire.

Si on veut aider notre corps, nos cellules à se libérer, il est important de leur donner accès à l'essence de notre vitalité d'origine, de *grounder* ses énergies, ce qui aidera à libérer les mémoires cristallisées. Bien entendu, une aide extérieure peut être nécessaire. J'ai étudié et expérimenté sur le sujet et les résultats sont merveilleux. Ainsi, on accède pas à pas au chemin de cette fameuse conscience libératrice, à ce potentiel divin en nous qui peut tout transformer.

Malheureusement, c'est encore tabou, mais j'ai assez joué avec ça pour savoir que ça fonctionne. À chacun de prendre ce qui est bon pour lui et de laisser aller le reste, c'est bien correct. J'ai personnellement

5. www.eveildeschakras.com.

été témoin de plusieurs cas d'autoguérison dans mon entourage. Je pense à des cas de cancer, de fibromyalgie, etc.

Vous avez peut-être remarqué que je ne suis pas entrée tellement dans les notions de blessures émotionnelles, de guérison spirituelle, car j'en parle abondamment dans mon livre *Renaître du passé. Des larmes au rire.*

Je vous signale ici deux petites phrases qui m'aident beaucoup à rester branchée. Voici la première : « Ordre divin, merci de te manifester dans mon corps et dans ma vie ici et maintenant. » Sentez que vous êtes porteur de cette présence, qu'elle ne vient pas de l'extérieur, mais qu'elle est imprégnée en vous. La deuxième peut s'appliquer aussi à toute situation particulièrement difficile : « La puissance divine en moi est beaucoup plus grande que... » et vous ajoutez ce que vous vivez. Ça donne beaucoup de force en dedans et ça sort du mental, ça libère la créativité et permet à cette puissance de se déployer, car on s'enlève du chemin, on cesse de bloquer l'accès à notre intelligence supérieure.

Douceur pour le cœur

Profession ou passion

Tu cherches une profession payante.
Une profession qui te garantit un emploi à la hauteur de tes forces.
Une profession qui ne t'épuisera pas et pour laquelle aucun effort ne ressemblera à un sacrifice.
Une profession qui te promet le succès sans jamais tomber dans la banalité.
Une profession qui t'élèvera au-dessus de tes peurs parce qu'elle stimulera constamment ta confiance.
Cesse dès maintenant de chercher.
Depuis longtemps, elle attire le meilleur de toi.

Cette profession ne te trompera jamais.
Elle seule sait comment t'épanouir.
Elle seule ne doutera jamais de toi.
Les autres l'appelleront toujours « profession », mais toi tu lui donneras son véritable nom : « PASSION ».

François Gervais

Source : http://legrenierdebibiane.com/trouvailles/textes/francois-gervais/texte7.htm

Sourire, ça fait du bien !

Quand j'étais plus jeune, je détestais aller aux mariages parce que mes vieilles tantes et mes grands-parents venaient près de moi, me donnaient une grande claque amicale dans le dos en lançant un joyeux : « T'es l'prochain, gamin ! »

Ils ont arrêté cette stupide blague quand j'ai commencé à leur dire la même chose aux enterrements !

11

CHAPITRE

Notre source, un lien important en cas d'urgence

En juin 2007, j'ai fait un voyage de pêche avec mon conjoint et des amis. Nous étions au lac Mistassini dans le Nord du Québec et nous avions parcouru environ 125 km en bateau pour nous rendre au campement. Un trajet de plus de deux heures et demie. Malgré le froid et la pluie, la semaine s'était bien passée et le moment du retour était maintenant venu. Nous étions dans une zone où il y avait des îles et nous constations que les vagues sur le lac étaient assez faibles, ce qui, en principe, aurait dû faciliter la sortie vers la rive sans danger.

Nous avons franchi les 45 premières minutes qui nous amenaient à ce que les gens appellent « le grand lac », car le lac Mistassini est immense, c'est comme une mer intérieure. Nous voilà donc à l'amorce du trajet à faire sur le grand lac, qui est d'une durée d'environ une heure au large, avant de finir le parcours dans une longue baie, là où il n'y a aucun danger quant à la force des vagues. En fait, peu importe ces détails, ils ne sont là que pour situer le contexte.

J'étais donc sur le point de vivre une expérience qui allait s'avérer une des plus périlleuses de toute ma vie et j'ai su ce que c'était que d'avoir à se brancher à la Source, à s'intérioriser. J'avais affaire à un navigateur hors pair et très prudent. Il connaît ce lac depuis plus de 25 ans et il sait qu'il peut être très dangereux avec ses vagues qui peuvent dépasser deux mètres quand il vente fort. D'ailleurs, un des amis qui étaient avec nous dans une seconde embarcation avait fait naufrage il y a quelques années, et son frère ainsi que son cousin étaient décédés dans ce lac. Lui a survécu miraculeusement après une hypothermie sévère.

Donc, avant que nous nous engagions sur le grand lac, les vagues faisaient environ un demi-mètre, ce qui était considéré comme acceptable. Mon conjoint était tout de même hésitant, car il est toujours très prudent, mais nos amis avaient déjà amorcé leur descente, alors il s'est engagé également. Au bout d'environ dix minutes de navigation, le vent s'est levé et la tempête nous a surpris sans aucune possibilité de nous cacher dans une baie. C'était mission survie, contrôle du bateau et calme maximal.

Nul besoin de dire que j'avais très peur. Nous avons été pris dans cette tempête pendant deux heures et demie et ça m'a paru à la fois comme quinze minutes et cinq heures (c'est bizarre, cet écart, mais c'était comme ça), tellement on devait être au moment présent et en possession de tous nos moyens. Mon conjoint me rassurait, me disait qu'il avait la situation bien en mains et je sais qu'il était sincère. Son expérience était totalement mise à profit.

L'eau montait dans le bateau par la force des vagues et la pompe d'évacuation devait faire un travail constant. Nous étions à la merci des moteurs plus que jamais. Si les moteurs manquaient, on risquait d'être foutus, et souvent le son des moteurs baissait considérablement tellement ils devaient forcer. Quel effroi !

Alors, comment ma philosophie métaphysique m'a-t-elle servi dans tout cela? Métaphysique signifie «au-delà du physique», c'est-à-dire le fonctionnement de notre monde intérieur et de notre côté spirituel. Si je remonte aux années où je n'avais pas ces moyens de gestion de mon être, je serais entrée dans une phase de panique digne d'un scénario de crise d'angoisse ou d'hyperventilation.

C'était vraiment dangereux, nos vies étaient en danger. Mais sentant la peur monter très intensément en moi et m'envahir, j'ai eu rapidement le réflexe de fermer les yeux et de demander la protection divine. Oui, on a cette force en nous, mais dans certains cas on sent le besoin de réagir avec une ferveur différente. Que ce soit la Source, des guides, un archange, Jésus, des parents disparus, on cherche à s'accrocher à la vie. En passant, je n'ai rien contre ça, tout est question de perceptions personnelles. L'important est de reconnaître cette intelligence supérieure en nous, et si ça peut faire du bien de s'adresser à l'archange Michaël pour se faire aider, tant mieux. Ça propulse notre foi à un cran supérieur, on dirait. Fonctionnez comme vous voulez, pourvu que le point d'ancrage de votre essence spirituelle demeure en vous. Quand je parle d'éviter de se référer à l'extérieur dans ce livre, c'est en termes de mode de vie de façon générale.

Donc, pour en revenir à mon histoire, je me suis dit: « Si c'est vrai que nous avons des êtres de lumière qui sont là pour nous aider, eh bien c'est le temps d'être là, au secours ! On a besoin de vous, venez ! » Aussitôt, j'ai senti une immense lumière blanche recouvrir l'embarcation avec ce sentiment d'appui. J'ai senti que nous étions tous les deux comme enveloppés par cette force supérieure. Si on ne doit pas mourir, mieux vaut en tirer une expérience qui fait grandir.

Mon conjoint avait tout de même de sérieuses manœuvres à faire, mais cette aide me rassurait au fond de moi, m'aidait à garder un certain calme, même si la peur était bien présente. Je devais laisser toute l'énergie et la concentration à mon matelot. En plus, la pluie forte et le vent étaient envahissants.

En ce qui me concerne, je ne savais pas comment manœuvrer le bateau dans de telles conditions. Ça prend déjà tout pour que je sois habile en eau calme. Afin de m'aider à conserver mon calme, je gardais mon front appuyé sur son épaule et mes yeux restaient fermés, ce qui m'évitait de voir ces monstres de la nature se déchaîner contre nous sans autre porte de sortie que le meilleur contrôle possible de l'embarcation.

J'ai osé faire une demande spéciale supplémentaire. Mon père est décédé en juillet 2004 et j'ai une très bonne communication avec lui depuis. Je ne force rien, ça se fait purement et simplement. Il donne des signes de temps en temps, me parle, je sens son énergie. J'évite de lui demander des choses, car je me dis qu'il a sa propre évolution à faire et je le laisse tranquille, à part lui dire que je l'aime. Mais dans ce cas, je me suis permis de dire : « Papa, j'ai besoin de toi, viens nous aider ! » et instantanément, j'ai senti sa sérénité et sa présence venir me rassurer, nous entourer. Je savais qu'il était là.

Je restais branchée à ma source et ressentais ces unions supérieures en action. Grâce à cette communion, je pouvais garder une certaine sérénité, bien que ce soit un grand mot. J'avais tout de même bien hâte de toucher la terre ferme, j'espérais de tout cœur pouvoir la retrouver vivante, et ces aides du ciel me donnaient confiance. Ce n'est qu'après ces deux heures et demie de déchaînement que les deux bateaux ont pu accoster pendant quatre heures sur une petite plage située dans une baie, avant de poursuivre la descente finale une fois le calme revenu. J'ai tellement apprécié ce moment de grâce.

Durant le trajet périlleux, nos amis qui naviguaient tant bien que mal eux aussi, loin en arrière de nous, ont en plus fait face à des problèmes d'ordre mécanique, mais qui heureusement n'ont pas été dramatiques. Le contrôle du volant de leur bateau a cédé et ils ont dû installer un bâton de bois, dirigeable manuellement, en arrière de l'embarcation. Je vous épargne les détails de ce rafistolage précaire. Quelle aventure !

J'ai donc pu réaliser en profondeur que nous ne sommes jamais seuls avec notre intelligence supérieure. Servons-nous-en au besoin.

Elle est là tant pour l'inspiration que pour le contrôle de nos réactions, la paix, l'évolution, des réponses, etc.

Quelques mois plus tard, mon conjoint a avoué avoir lui aussi eu peur pour sa vie, pour nos vies. Oui, nous avions des gilets de sauvetage, mais la température de l'eau était très froide et les vagues imposantes. Le bateau bougeait dans tous les sens. Il devait travailler avec la vague, ce qui est un art qui demande une grande vigilance et de l'expérience. Le danger avait été extrême. Merci à ma «gang» là-haut, comme je les appelle.

Après de tels moments, on réalise combien les notions d'ego, de superficialité sont vaines et éphémères et que ce ne sont pas ces traits de caractère qui mènent aux profondeurs de soi.

Douceur pour le cœur

Les roses jaunes

Je marchais dans une épicerie, je n'étais pas particulièrement intéressée par mes achats de nourriture. Je n'avais pas faim. La récente perte de mon mari de 57 ans était encore trop vive. Cette épicerie renfermait de si beaux souvenirs. Il venait souvent avec moi, et presque chaque fois il s'éloignait, faisant semblant de chercher quelque chose. Je savais ce qu'il planifiait. Tout à coup, je l'apercevais marchant dans l'allée avec trois roses jaunes dans ses mains. Il savait que j'affectionnais tout particulièrement les roses jaunes.

Subitement le cœur rempli de chagrin, j'ai voulu prendre rapidement les quelques articles dont j'avais besoin et partir. Depuis qu'il n'était plus là, même faire l'épicerie devenait éprouvant. Magasiner pour une personne prenait du temps, un peu plus qu'il en fallait pour deux! Debout devant le comptoir des viandes, je cherchais le petit steak parfait et je me suis souvenue à quel point il aimait le steak.

Soudainement, une femme s'approcha tout près de moi. Elle était blonde, mince et jolie, et portait une robe verte. Je la regardais alors qu'elle prit dans ses mains un gros paquet de biftecks, le déposa dans son panier... hésita et le remit dans le comptoir. Elle se tourna pour partir, mais décida de reprendre le paquet de steaks. Elle s'aperçut alors que je la regardais, et en souriant elle me dit: «Mon mari adore les biftecks, mais honnêtement, à ce prix, je ne suis plus certaine!» Ravalant mon émotion, je rejoignis ses yeux bleus et lui dit: «Mon mari vient tout juste de mourir, il y a huit jours. Achetez-lui les steaks! Et chérissez tous les moments que vous avez ensemble.» Elle secoua la tête. Lisant l'émotion dans mes yeux, elle reprit le paquet, le déposa dans son panier et partit.

Je me retournai et poussai mon panier jusqu'au comptoir des produits laitiers. J'étais là, me demandant quel format me procurer. Je me décidai pour le demi-litre et ensuite je dirigeai le panier vers l'allée de la crème glacée. S'il n'y avait rien d'autre, je pourrais toujours me préparer un cornet de crème glacée. Je déposai la glace dans mon panier et me rendis vers l'allée menant aux caisses. J'ai vu en premier la robe verte, puis je reconnus la jolie femme qui s'approchait de moi. Dans ses bras, elle portait un paquet. Son visage affichait un sourire magnifique. J'aurais juré avoir aperçu un halo tout autour de ses cheveux blonds.

Alors qu'elle arrivait près de moi, j'ai vu ce qu'elle tenait dans ses mains, et mes yeux ne purent s'empêcher de se remplir d'eau. «Ceci est pour vous, me dit-elle, en me remettant trois belles roses jaunes dans les bras. Lorsque vous passerez à la caisse, ils sauront qu'elles ont déjà été payées.» Elle se pencha, déposa un délicat baiser sur ma joue et me sourit de nouveau. J'ai voulu lui expliquer ce qu'elle venait de faire, ce que les roses représentaient. Incapable de sortir un mot, je l'ai regardée s'éloigner, les larmes brouillant ma vision... J'ai contemplé les magnifiques roses nichées dans le papier vert, les trouvant presque irréelles. Comment pouvait-elle savoir? Soudainement, la réponse m'apparut clairement: je n'étais pas seule.

«Oh, tu ne m'as pas oubliée, n'est-ce pas?» ai-je chuchoté, les larmes aux yeux. Il était encore ici avec moi et elle était son ange.

En complément à cette histoire, tous les jours, remerciez ce que vous êtes et ce que vous avez !

Quand le matin j'étreins ma couverture et proteste lorsque mon réveille-matin sonne. Merci : Je peux entendre. Plusieurs sont sourds.

Lorsque je garde mes yeux fermés afin d'éviter la lumière du matin le plus longtemps possible. Merci : Je peux voir. Plusieurs sont aveugles.

Lorsque je m'emmitoufle dans mon lit, retardant ainsi la levée de mon corps. Merci : J'ai la force de me lever. Plusieurs sont alités.

Lorsque la première heure de ma journée est bousculée, bas perdus, rôties brûlées, que la zizanie est dans la maison et que les enfants sont trop bruyants. Merci : J'ai une famille. Plusieurs sont seuls.

Si pour le déjeuner la table ne ressemble en rien aux photos dans les magazines et que le menu parfois n'est pas équilibré. Merci : Pour la nourriture que nous avons. Plusieurs ont faim.

Lorsque je trouve que la routine de mon travail est souvent monotone. Merci : J'ai la possibilité de travailler. Plusieurs n'ont pas de travail.

Même lorsque je bougonne et me plains de mon sort de temps à autre et souhaite que mes moyens ne soient pas si modestes. Merci : Je suis en vie !

Auteur inconnu

Sourire, ça fait du bien !

Il est très tôt le matin. Un homme prend le téléphone et appelle pour qu'un taxi passe le prendre et l'amène à l'aéroport. L'homme patiente environ une demi-heure, puis comme le taxi n'est toujours pas là, il appelle la compagnie. Là, on lui dit que le taxi est sur la route... Mais 15 minutes plus tard, c'est toujours pareil. Alors l'homme appelle la compagnie de taxis pour la troisième fois en hurlant presque :

« J'ai besoin d'un taxi de toute urgence, je dois prendre le vol 714 pour Sydney et il décolle dans 30 minutes !

— Je suis désolée pour le retard. Votre taxi devrait être là dans quelques secondes maintenant. Mais ne vous en faites pas, vous ne manquerez pas votre avion parce que ce vol décolle toujours avec du retard.

— Oui, c'est sûr qu'il décollera en retard aujourd'hui en tous cas, car c'est moi le pilote ! »

CHAPITRE 12

Le rire et le plaisir, des toniques indispensables!

Ce chapitre sera assez bref, car j'ai écrit un livre complet sur le sujet intitulé *Le mieux-être par le rire. Réveiller son médecin intérieur.* Mais pour garder le lien avec notre essence profonde qui vibre avec le calme, la joie et le rire, je vous présente ce petit résumé qui fait état des avantages du rire et du plaisir dans notre vie.

Le rire est un solvant merveilleux pour les nuages sombres de la vie. Il génère des relations humaines plus épanouies, désintoxique les humeurs accablées, etc. Plus le rire et le plaisir sont présents dans la vie d'un individu, plus ils éloignent les possibilités de consommation de tranquillisants ou d'anxiolytiques par exemple. Le rire aide à évacuer nos tensions tout en représentant un élément servant à ralentir le vieillissement.

Tout circule mieux

Le rire aide à mieux faire circuler l'énergie en nous. En effet, les mouvements spasmodiques du diaphragme créés par le rire facilitent une meilleure circulation d'énergie qui aide à relâcher les tensions émotionnelles et physiques. Les mouvements du diaphragme favorisent certes l'élimination des toxines, mais provoquent une meilleure respiration, ce qui aide à éliminer le dioxyde de carbone de l'organisme en lui apportant plus d'oxygène.

La respiration est d'ailleurs une merveilleuse façon de prendre contact avec soi. Malheureusement, quand quelqu'un veut se couper d'une souffrance, inconsciemment il respire moins profondément, ce qui fait en sorte qu'il bloque pour ainsi dire l'évacuation des déchets physiologiques et émotionnels. Nous demeurons alors plus stressés. Si une personne bloque ce qu'elle ressent, elle garde ainsi les émotions difficiles plus captives et risque avec le temps de devoir les endormir avec des artifices de toutes sortes. Nous ne sommes pas captifs de ce que nous ressentons, mais de ce que nous nous empêchons de ressentir.

Quand on rit, le sang circule plus vite, le cerveau est donc mieux oxygéné et les hormones de la bonne humeur sont libérées. C'est pourquoi quand des gens disent : « Quand je vais aller mieux, je vais rire », ils risquent d'attendre longtemps.

Se laisser aller au plaisir, au rire du cœur

Le rire est un tonique libérateur. Il améliore les relations, la santé, l'éclat du visage, c'est un rayonnement qui vient du cœur. Il faut le laisser jaillir des profondeurs du ventre au lieu de le garder juste à la gorge. Le rire libère et active les processus naturels de la sagesse du corps.

Notre éducation nous a appris plein de choses, mais pas vraiment comment entretenir le plaisir, la bonne humeur, le positivisme et le rire comme sources de vitalité et de communication interpersonnelle. Nos parents nous ont donné le meilleur d'eux-mêmes avec les ressources qu'ils avaient, et il en est ainsi au fil des générations, mais il nous revient maintenant de nous donner le meilleur à nous-mêmes.

Le rire a longtemps été considéré comme une impolitesse par la société et diabolique par l'Église.

Chacun de vous a pu ressentir à un moment ou à un autre que le fait d'avoir ri lui avait procuré une détente profonde, un sentiment de soulagement et de paix. Vous avez peut-être même réalisé que votre intellect devenait plus alerte. Le rire crée un sentiment d'acceptation du moment présent. On le sait, on le sent, le rire nous fait du bien. Alors, riez-vous suffisamment ?

J'aime bien cet énoncé de Daniel Meurois et d'Anne Givaudan tiré de leur livre *Wézak*, car il me touche particulièrement vu que je fais aussi des conférences sur le rire, la joie et le plaisir.

« Il est une chose que le nombril de tout homme redoute. Cette force s'appelle le rire. Ce fantôme que vous appelez ego ne supporte guère de ne pas se voir pris au sérieux, c'est-à-dire que l'on adopte un autre langage que le sien. »

C'est une valeur si importante dans la vie.

Douceur pour le cœur

Le paquet de biscuits

Une jeune dame attendait l'embarquement de son vol dans un grand aéroport. Puisqu'elle avait à attendre plusieurs heures, elle décida de s'acheter un bon livre. Elle acheta aussi un paquet de biscuits. Elle s'assit dans un bon fauteuil dans la salle VIP de l'aéroport pour se reposer et lire en paix. À côté du fauteuil où se trouvait le paquet de biscuits, un homme ouvrit son magazine et se mit à lire. Lorsqu'elle prit un premier biscuit, l'homme fit de même. Elle se sentait irritée par ce comportement, mais elle ne dit rien, se contentant de penser : « Quel effronté ! J'ai envie de lui donner une bonne raclée ! » Chaque fois qu'elle prenait un biscuit, l'homme en faisait autant. Cela la mettait dans tous ses états, mais elle ne voulait pas faire de scène. Lorsqu'il ne resta qu'un seul biscuit, elle pensa: «Et que va-t-il faire maintenant, cet abruti de profiteur?»

L'homme prit le dernier biscuit, le brisa en deux et lui en remit la moitié. Ah, mais là, c'était trop! Elle était hors d'elle-même!

En un éclair, elle prit son livre et ses affaires, et sortit en trombe pour se rendre au guichet d'embarquement.

Une fois assise dans l'avion, elle ouvrit son sac à main pour y prendre ses verres de lecture, et à sa grande surprise, elle y découvrit... son paquet de biscuits, intact et bien scellé! Elle se sentait tellement mal! Elle réalisait combien elle s'était trompée. Elle avait oublié qu'elle avait mis son paquet de biscuits dans son sac à main. L'homme avait partagé ses biscuits avec elle sans rancune ni animosité, alors qu'elle était si choquée pensant qu'elle avait partagé ses biscuits avec lui. Et maintenant, elle n'aurait plus la chance de l'expliquer ou de s'excuser.

Morale de l'histoire: il y a quatre choses que nous ne pouvons pas reprendre...

La pierre... après l'avoir lancée.
Le mot... après l'avoir dit.
L'occasion... après l'avoir perdue.
Le temps, lorsqu'il est passé.

Auteur inconnu

Sourire, ça fait du bien !

Les élèves de 5e année qui étudient les homophones doivent composer trois phrases en utilisant « la » ou « l'a ». Bianca a écrit : « La mère de mon amie est malade. Mon père l'a dit à ma mère. Ce qui fait que tout le village l'a su[6]. »

6. Denis Doyon, http://legrenierdebibiane.com/Humour/rire5.htm.

13

CHAPITRE

La non-résistance et le lâcher-prise

Quel sujet et quel défi ! Si on ne peut rien changer à un événement, est-ce utile d'y mettre de la résistance, du stress, des tensions à n'en plus finir ? Quand on n'y peut rien, est-ce possible de suivre le courant, d'accepter ce qui est avec l'œil de l'observateur tout aussi conscient de ce qui se passe ? Pas dans un état d'innocence négative et de soumission, mais avec un regard porteur d'évolution tout de même positive.

Dire oui à la vie, ça peut prendre bien des directions parfois. Si une tempête de neige déferle un bon matin et qu'on doit prendre la route, est-ce que l'appréhension rendra les choses plus faciles ? Au contraire, elle risque de nous rendre moins attentifs sur la route. Mais si on se dit : « D'accord, c'est comme ça ce matin, le paysage est tout de même beau et je vais conduire calmement et prudemment, en prenant le temps qu'il faut pour rester en sécurité », c'est bien différent.

Accueillir des choses difficiles

On dit non à bien des choses dans la vie courante, un commentaire désobligeant, etc. Un jour, un client m'a appelée pour me dire que l'angle sous lequel une conférence avait été traitée, quelques semaines auparavant, n'avait pas exactement été celui souhaité, et ça m'a fait mal sur le coup, car j'avais donné le meilleur de moi-même. J'avais développé des thèmes profonds, à mon sens, mais une approche plus technique aurait été préférée. Je ne suis pas la fille aux grands déploiements techniques. Je valorise des messages par les ressentis surtout pour que ça se pose en dedans.

Heureusement, c'est très rare que j'aie vécu ce genre de situation en carrière, mais je l'avoue, je me suis mise à pleurer au bout du fil même si tout était fait avec délicatesse. J'ai le souci du travail bien fait et que les gens soient satisfaits, mais comme tout le monde, je dois apprendre qu'on ne peut plaire à tout le monde.

Donc, lâcher prise pour moi à ce moment a signifié dire oui à ce qui est, en ce sens que je ne pouvais rien y changer, c'était passé. Je peux par contre voir ce que ça m'apprend sur moi, sur la vie, etc., et comment je peux faire en sorte de grandir de ça. Je souhaite du bien à tous ces gens, mon client et son groupe, j'accueille la situation et je la transforme à l'intérieur de moi en me disant: «Qu'est-ce qui va ressortir de bon de tout ça?» et je confie le tout à l'Univers, comme si j'envoyais une belle bulle dans les airs qui retombera à un moment donné sous la forme de quelque chose de merveilleux pour eux et pour moi.

Résister équivaudrait à rester dans cette émotion, à en vouloir à cette personne et au groupe qui n'a pas accueilli les choses comme j'aurais voulu ou comme j'aurais pensé, car la plupart du temps c'est tellement plaisant, mais moi aussi mon ego peut intervenir si une déception se présente et je peux au moins dire que je le vois agir, je le reconnais, je l'accueille. Oui, j'ai une émotion, mais je la transforme au lieu d'accuser, de m'en faire, de blâmer à outrance. Sur le coup, je peux réagir et grogner un peu, mais c'est bref. Je me vois faire. Ça changerait quoi, sinon envenimer les choses?

Le départ d'un ami

Même chose si on perd une personne chère. Au moment où j'écris ces lignes, je reviens à peine du salon funéraire ; un grand ami vient de décéder. J'ai travaillé avec lui durant de nombreuses années et sa famille et moi étions bons amis depuis longtemps. Il avait été un homme de bonté, ayant consacré une grande partie de sa vie au milieu de la petite enfance. Il avait été maire, intervenant dans différents milieux tant communautaires que politiques, toujours en gardant un grand charisme. Le genre de bonhomme aimé et respecté de tous par son attitude pacifique basée sur le non-jugement.

Tous ses employés l'adoraient. Lorsqu'un conflit survenait, il amenait toujours les deux parties à voir le cœur de l'autre, le point de vue favorable qui ouvrait à la négociation, etc. Durant les allocutions d'adieu, tant ses collègues que ses enfants et sa femme tenaient à lui dire à quel point ils l'aimaient, mais en se disant en même temps que ça aurait dû être encore plus démontré et vécu dans les gestes du quotidien, même s'ils étaient bien liés. Leurs discours faisaient ressortir que l'on remet tellement de choses parfois dans cette vie qui va si vite, comme le temps de prendre un verre entre père et fils, une partie de pêche, de bons câlins fréquents, se dire qu'on s'aime. Mais pourquoi de tels moments viennent-ils nous attendrir autant ? Ils nous ramènent au niveau du cœur, nous sortent de la routine accélérée.

Pour en revenir au lâcher-prise et à la non-résistance, même dans des situations pareilles, on doit dire oui à la vie. Sa route à lui est terminée, merci pour ce qu'on a vécu ensemble, exprimons-nous, donnons-nous le droit de pleurer et avançons pour célébrer le bonheur d'être en vie nous-mêmes, au nom des bons moments partagés.

En écrivant ces lignes, je pense aussi à mon père décédé. J'en ai eu pour environ 18 mois à être plus sensible à ce qui me rappelait son passage. Dans ses loisirs, il était violoniste ; donc, si j'entendais une pièce de musique ou une chanson avec du violon, j'avais les larmes aux yeux, mais avec douceur à la fois, en me rappelant cette essence si présente en lui. Oui, je l'aime tout autant, les bons souvenirs sont là, mais son souhait est sûrement que je vive heureuse et intensément. Relâchons quand on n'y peut rien. On n'est pas moins lucide et responsable parce qu'on lâche prise, au contraire, on est plus sage. On s'ouvre à un dénouement et à une sensation plus réjouissants, venus d'un niveau supérieur en soi.

Suivre le courant

Donc, est-ce qu'il nous arrive de nous dire non à nous-mêmes parfois? Eh bien oui, quand on accumule ces vieilles souffrances, qu'on laisse allègrement la place à notre ego, etc. Revoir nos attitudes, n'est-ce pas une clef importante? Accepter ce qui est, s'élever au-dessus de la situation pour la regarder en perspective, etc. On pense parfois que résister, c'est éviter d'être emporté par la vague en quelque sorte, et c'est pourtant le contraire.

Ça prend de la force pour lutter à contre-courant, mais souvent c'est le moyen que l'on connaît et on s'épuise. Suivez la vague si vous jouez au bord de la mer et elle vous ramènera au rivage. Ainsi va la vie. Avec la pratique, tout est possible. L'expérience accumulée au fil des jours, les nouveaux regards sur soi et sur la vie, le fait de cesser de vouloir changer les autres, les accepter comme ils sont, voilà un bon terrain de pratique.

Viser plutôt à influencer les autres par notre rayonnement et nos exemples, sans attentes. Apprendre à s'accueillir soi-même avec ses forces et ses faiblesses, dire oui à ce qu'on est, quel cadeau, n'est-ce pas? On ne peut accepter les autres et les événements plus que l'on s'accepte soi-même. Je me souviens d'une phrase, je ne me rappelle plus où je l'ai trouvée, qui disait ceci: «Notre souffrance est proportionnelle à notre ego.» Pas facile à encaisser, ça. Mais ce que ça veut dire, d'une certaine façon, c'est que plus on résiste, plus ça persiste, et l'ego est le spécialiste du non-lâcher-prise, de la résistance.

Non à la culpabilité

Il arrive parfois que des gens se sentent coupables de ne pas régler leur problème, que ce soit, par exemple, des kilos en trop, une émotion récurrente, une situation qui se répète ou bien d'autres choses. N'ayant pas de solution immédiate, ils remettent à plus tard, soit par manque de motivation, de ressources, de prises de conscience quant aux réels avantages à se libérer de ça, peu importe. Le doute s'en mêle et le cercle vicieux de la procrastination fait son œuvre ; ça, on l'a tous vécu et c'est souvent encore le cas dans certaines facettes de notre vie. Vivre consciemment permet de faire remonter à la surface les choses qui en ont besoin, mais aussi de mieux trouver nos solutions.

Les perceptions en matière d'éducation

Ces perceptions jouent bien des tours. En voici quelques exemples, juste pour y réfléchir. Imaginez une personne qui bat ses enfants en pensant qu'ils seront plus obéissants. Que risque-t-il plutôt de se passer ? De la peine tout d'abord chez les petits trésors, ainsi que du repli sur soi, de la colère ou du rejet, etc. À long terme, certains risqueront de devenir délinquants ou porteront une blessure profonde, et de l'aide pourra être nécessaire. La violence engendre le désordre et non l'amour et les résultats heureux.

Le fait de réprimander un enfant avec force et de lui crier après place le parent ou l'éducateur dans la zone de l'échec. L'enfant n'aura pas le goût de collaborer. L'adulte qui agit ainsi aurait-il le goût de collaborer si on le traitait comme ça ? Chaque adulte a voulu être aimé, cajolé, accueilli avec douceur et compréhension, au lieu de se faire crier après, rabaisser, etc., quand il était petit, alors les enfants d'aujourd'hui n'en méritent pas moins. On ne naît pas parent et pour certains, les aptitudes de communication n'étaient pas toujours à la fine pointe de la psychologie, c'est le moins qu'on puisse dire. On transmet nos modèles bien souvent quand on ne les a pas conscientisés. On doit se charger de transmettre des versions améliorées de ce qui nous a moins rejoints.

En fait, dans la vie, on devrait aimer les autres comme on voudrait être aimé.

Je comprends que la personne fait du mieux qu'elle peut avec les moyens qu'elle a, mais il y a tellement de ressources disponibles aujourd'hui qu'il est possible de se faire aider pour son bien et celui des autres dans de tels cas. Mais encore faut-il que la prise de conscience y soit.

Perceptions en lien avec les relations humaines ou l'argent

Ce n'est guère mieux si on pense à des cas de jalousie, de dépendance affective par exemple. Si le tout n'est pas conscientisé, le *pattern* se répétera de relation en relation. La façon dont on vibre nous suit et c'est ce qu'on recherche inconsciemment. Rappelez-vous les corps de souffrance qui se nourrissent ainsi, comme je le disais précédemment.

Il faut voir la partie lumineuse de nous qui, à sa façon, selon sa fréquence vibratoire, attire de belles choses. Nos schémas intérieurs méritent tant d'être mis à nu pour se libérer. Cela ne veut pas dire qu'il faut se mettre à fouiller éperdument dans le passé, mais plutôt cueillir au vol ce qui se présente.

Si vous vous inquiétez pour l'argent, est-ce cela qui va vous rendre riche? Bien sûr que non, car le subconscient reçoit la notion de manque et c'est ce qui tend à se manifester par la loi d'attraction. Ce qui est plaisant, c'est que le contraire est aussi vrai. Comment percevez-vous la vie, vous-même, les événements, les collègues, la famille? Tout ça tend à nous retourner le miroir de nos croyances.

Plus on se ferme, plus on résiste, plus on limite notre potentiel créateur, car il naît du calme, de l'ouverture, de la joie, etc. Pour trouver des solutions, il faut plonger en soi. Si on reste à la surface, on ne peut voir le trésor caché, comme un joli coquillage dans la mer. Je sais que je vais avoir beaucoup insisté sur cela au fil des pages, mais c'est tellement une base pour bien vivre ce merveilleux voyage qu'est notre vie.

Les croyances

Je vous invite à faire une certaine introspection au sujet des croyances. Vous pourriez, par exemple, prendre une feuille et un crayon et écrire ce que vous croyez à propos de l'argent, du couple, de la famille, de la vie, du travail, de la santé, de l'amour, etc. Allez-y spontanément et en toute franchise avec vous-même. Si c'est noir, c'est noir et si c'est blanc, c'est blanc.

Si, par exemple, vous croyez que c'est impossible d'être riche et heureux et qu'il faut travailler à la sueur de son front, est-ce possible que ce soit facile dans ce domaine, peut-être, mais ces critères tendront à vouloir être remplis. Si vous croyez que l'amour, c'est souffrant ou que la vie est toujours difficile, qu'est-ce que ça entraîne ?

Pour changer une croyance, il est bon de la reconnaître clairement, cela va de soi. Rester dans un moule qui nous a privés de bonheur jusqu'à présent, c'est comme regarder une flaque d'huile sur le plancher et repasser continuellement dessus au lieu de la nettoyer, ou encore d'essuyer l'évier, mais laisser le robinet ouvert. Si les solutions utilisées précédemment avaient été efficaces, on ne vivrait plus cela, alors on fait un pas de plus et on continue.

Il y a d'autres types de croyances comme : « Je ne peux être bien, ma famille est comme ça, c'est rempli de problèmes » ou « Je ne peux pas être en amour, je risque de me faire avoir », ou encore « Ça coûte trop cher de faire des changements », etc. Mais ça coûte encore plus cher, un statu quo négatif. Soyons trop occupés à bâtir notre présent, et par le fait même notre futur, afin qu'il ne reste plus de place pour nourrir ce qui est passé et que l'on puisse reprendre enfin notre pouvoir personnel.

Se détacher de la souffrance

Lâcher prise consiste aussi à se détacher des vieilles façons de faire et à innover en ce qui concerne soi-même. Tout d'abord, acceptez que pour l'instant c'est comme ça, sachant que vous êtes ouvert à mieux. Pour d'autres, il s'agit de pardonner à soi-même ou à quelqu'un d'autre. Si une personne est au départ défaitiste, en utilisant par exemple des expressions du genre : « À quoi ça sert ? », « Je n'y arriverai jamais », « Je ne peux rien y faire », c'est alors moins gagnant. Dans ce cas, la non-résistance devient plutôt symbole de résignation et de lourdeur encore plus grande. Le connu, même si difficile, est confortable. Il faut aller de l'avant au lieu de ressasser le passé ; cultiver ce qui nous allume nous fait vibrer au lieu d'entretenir ce qui nous éteint, n'est-ce pas un beau défi quotidien ? On ne peut changer le passé, alors intéressons-nous à autre chose, enfin. Est-ce utile de transposer le passé dans l'instant présent et dans nos lendemains ?

Lâcher prise, c'est accepter que la souffrance soit là, eh oui, c'est humain. Accepter ce qui est là, ce qui fait défaut. Donner la permission au désespoir, à la confusion, à la tristesse d'être là. Être témoin sans étiquette mentale. Juste accueillir. Le tout aura alors plus de chances de se transformer davantage en paix ou en quiétude, au lieu de se perpétuer.

La souffrance se présente souvent comme une pulsion et on aimerait y échapper plutôt que de lâcher prise. On ne veut pas ressentir ce qui est là. On pourrait l'endormir de toutes sortes de façons, que ce soit par le travail, les complaintes, l'alcool, la dépression, etc. La souffrance ne diminue pas en intensité quand on la fuit, elle est sous-jacente en nous. Nier une douleur émotionnelle peut faire en sorte de polluer ce qui est vécu à travers elle, que ce soit nos relations, notre paix intérieure, nos énergies, etc. Cela devient la vibration qu'on porte de plus en plus et qu'on attire si c'est prolongé et incrusté encore plus par le temps.

Ressentir et affronter une souffrance est bien différent que de tenter de l'analyser. C'est y faire face avec compassion, juste la sentir et l'observer doucement. L'exprimer au besoin, bien entendu, mais en laissant le mental le plus possible de côté, sans argumenter ni analyser. Seulement se pencher sur l'émotion qui est là et non sur la personne ou la situation qui a pu la déclencher. Qu'est-ce que ça réveille en moi ? Comment je me sens actuellement ?

Il s'agit d'éviter de donner la chance au mental de se positionner en victime et de rechercher la pitié. Oui, il est important de s'aérer sur le coup, mais après on fait quoi, on se recentre par le cœur et non avec la tête. Il se peut que le fait de plonger dans l'émotion semble incommodant et apeurant, c'est normal, car bien des fois dans notre vie on a repoussé les zones inconnues. On ne veut pas aller à ce niveau, car cela peut se présenter comme un vide, un trou noir et on a peur. Pourtant, le fait de passer à travers fait jaillir la lumière et toutes les possibilités. J'ai pu guérir de bien des choses par ce processus puissant.

Donc, s'il y a un nuage sombre qui passe, restez dans l'émotion, mais dans le sens où vous observez ce qui se passe en vous, vous ressentez le chagrin, la peur s'il y a lieu, le rejet, la solitude ou autres. Restez présent à ce qui arrive, c'est tout. Pour cela, vous comprendrez qu'il est bon de garder le silence, de s'isoler ou de se faire aider. Par ce processus, vous laissez pénétrer la lumière dans les ombrages présents pour les libérer. Ainsi, on a bien des chances de voir des déclics de compréhension se faire, ce qui ne peut arriver dans le tumulte. C'est comme si la flamme de votre cœur grandissait en vous pour nettoyer le tout.

Que se passe-t-il aussi ? Le lâcher-prise se fait par soi-même, car vous devenez dans la présence, dans l'ouverture, et ce regard change votre point de vue initial. Vous êtes l'observateur derrière la situation, derrière l'émotion. Il y a de la tristesse en vous, mais vous n'êtes pas la tristesse. Vous êtes alors dans la puissance du moment présent et la résistance ne peut survivre à la conscience de soi ainsi déployée. Cette présence déloge le mental de son rôle prédominant. La porte de la paix intérieure s'ouvre et la sérénité, la joie, la sécurité intérieure peuvent entrer.

Observer nos réactions impulsives

S'élever contre ce qui est contrariant ne fait que créer un mur de résistance sur lequel les événements et les émotions s'agrippent encore plus et amplifient cette énergie lourde à porter, même si c'est très imagé. Par exemple, si un son strident et soudain se fait entendre, il est possible que vous ayez une réaction de surprise ; mais est-ce possible que ce soit une réaction plus emballée pour certains ? Donc, dans les interactions humaines, si on est perturbé, cette irritation possible vient du mental qui a choisi de réagir contre la personne qui l'a provoqué. Un système automatique entre en jeu et brûle une énergie précieuse. La réaction du mental est alors bien plus dérangeante que le son qui a duré deux secondes, car celle-ci peut durer des minutes. Une autre belle occasion de pratiquer si c'était le cas. Ça devient vite un jeu que de se voir aller comme ça, c'en est amusant.

S'identifier au problème, non merci !

Eh oui, le mental nous fait vivre ces formes d'identité amplement, qui que l'on soit. S'identifier à quelque chose du passé, à un événement ou à une personne qu'on continuerait de blâmer fait conserver une quelconque négativité, comme si on ne voulait pas s'en départir inconsciemment. L'ego ne cherche pas les solutions positives, car il se complaît dans ce qu'il connaît.

Ça peut paraître bizarre de dire que le changement positif vient menacer l'identité inconsciente d'une personne se sentant victime, qui est en colère, déprimée, etc. On vit tout ça à différents degrés. En être témoin dans nos réactions, c'est merveilleux, car on est dans l'ouverture et la non-résistance face aux anciens *patterns* devenus désuets.

Ainsi, on n'a plus besoin de la négativité pour se sentir exister. L'amour, la douceur, la joie peuvent prendre la place qui leur revient de plein droit. En fait, le bonheur qui provient de toute autre source que notre intérieur n'est jamais le plus durable. En réduisant de plus en plus nos résistances à la vie, en créant un état de grâce et de plénitude, on ne dépend plus vraiment des circonstances, bonnes ou mauvaises, pour atteindre cet état. On le génère de façon continue.

Les points de vue

Le lâcher-prise s'applique également à nos communications verbales. Imaginez que vous discutez avec votre partenaire, et tout à coup vos points de vue diffèrent. Observez ce qui se passe, ce qui fait que vous vous mettez sur la défensive lorsque l'autre semble réagir à votre position, et vice versa. Remarquez jusqu'à quel point vous pouvez tenir à vos arguments ou être détaché en vous disant: «Ah bon, il voit ça comme ça, c'est son droit.» Le petit «Ah bon» pourrait facilement devenir un slogan intérieur pour vous plonger dans l'observation, je l'aime bien. Observer est bien différent de ridiculiser ou banaliser. C'est revenir voir ce qui se passe en soi, sans mordre à l'hameçon. Pas dans une attitude de désintérêt provocatrice, mais en toute sagesse.

Pas évident, je sais, mais amusons-nous à observer, c'est là que se situe la clef de l'autolibération des superficialités. Observez alors le jeu de l'ego, qui se nourrit d'énergie émotionnelle et mentale, qui veut avoir raison et donner tort à l'autre. On n'est pas parfait, on le sait, et je n'ai aucunement la prétention qu'on puisse maîtriser totalement tout ça. Je pratique le mieux possible, mais j'ai encore des situations qui me font travailler plus que d'autres; je me vois faire et, pour ce qui est de mes réactions, ça dure moins longtemps. Ce qui m'aide, c'est que de nature je n'aime tellement pas les argumentations.

Donc, au milieu d'un échange houleux, on a le choix de réagir ou d'observer ce qu'il en est, de se donner le droit mutuellement à nos points de vue et de se retirer paisiblement dans le respect. Le seul fait de regarder ce qui se passe est même savoureux, et on se sent plus fort en dedans, pour les bonnes raisons.

Il est important d'éviter de dire des choses comme: « D'accord, tu as raison » avec un ton quelque peu hautain en plus, car ça pourrait envenimer les choses. Il est préférable de dire: « D'accord, je respecte ton point de vue, je vais y réfléchir de mon côté », par exemple. Sinon, le cher mental qui se pense supérieur serait mis à profit. On laisse alors aller toutes ces énergies parallèles, c'est-à-dire qui ne sont pas de notre essence pure ou du cœur et qui sont dans la compétition au lieu de l'ouverture.

Je regarde parfois l'actualité avec ce regard et ce n'est pas évident de mettre tout ça en perspective, de s'imaginer que ces jeux de pouvoir pourraient ne plus être là. C'est à souhaiter un de ces jours, mais il y a tellement de travail de fond à faire. C'est pourquoi le but de ce livre est individuel. Se transformer, chacun de nous, au jour le jour, pour que l'effet de masse se fasse de plus en plus sentir.

Si on est présent à soi et observateur, on reconnaît automatiquement une personne qui vit inconsciemment. On la voit faire, alors à nous de donner l'exemple en toute simplicité. Dans la conscience, on est beaucoup plus difficile à manipuler. Ça peut prendre un certain temps pour faire un ménage en profondeur, mais quand on s'y met, les résultats sont perceptibles et progressifs. La victoire est grande, fractionnée en de multiples petites réussites.

Oser dire non

Je tiens à le préciser de nouveau, lâcher prise ne signifie aucunement se laisser exploiter et être crédule. Si vous choisissez de dire non à quelqu'un, ce non doit provenir de la conscience de ce qui est et non d'une réaction émotionnelle impulsive ou d'une confrontation. On n'est pas obligé d'être d'accord avec tout parce qu'on a ces points de vue ou cette ouverture. On prend notre place, mais avec un discernement qui vient des profondeurs.

Il faut aussi admettre que quand ça va mal, ça va mal, et ensuite prendre les moyens pour changer les choses. Ainsi, on reconnaît qu'on veut s'en sortir efficacement. On peut se dire que «pour l'instant, c'est comme ça, mais je reste convaincu que ça va aller de mieux en mieux dès maintenant». On commence alors à se pardonner de ne pas être calme et en paix pour l'instant; ça crée une forme de lâcher-prise, ça aussi.

Les relations humaines devraient servir à s'épanouir, à vivre des sentiments heureux, mais si le but d'une relation, par exemple, est l'aspect matériel ou le faux plaisir d'exercer un sentiment de pouvoir, un rapport de force, l'être humain devient secondaire au profit d'une superficialité égocentrique. Si une personne prend plaisir à faire des remarques sur les points faibles des autres, les critique pour tout et rien, cultive sa «victimite», elle refuse son pouvoir intérieur et s'expose à la solitude, au mal-être, car cette énergie passe par soi d'abord.

Vivre avec le cœur, c'est s'ouvrir à une autre réalité de la vie. En fait, à la lumière de tout ça, si on est dans une période difficile, le fait de mettre en pratique ces choses vient aider à rompre le fil conducteur qui maintient la résistance dans la situation. On insuffle alors une nouvelle énergie pour que le vent puisse tourner. Vivre l'instant présent est la source ultime de la présence à soi qui nous libère du facteur temps comme entrave à l'avancement.

Voici une petite métaphore axée sur le succès et qui inspire la non-résistance.

Le prêtre

Pendant longtemps, un pasteur avait comme rôle de baptiser les enfants. Bien sûr, il leur donnait chacun un nom. Avec le temps et la sagesse, il se mit à baptiser non pas juste les enfants, mais aussi les événements. Il donnait à tous le même nom, soit « succès ». S'il se trouvait en présence d'un échec, il le baptisait succès. Par sa parole, cet homme transformait tout en succès.

Quels sont vos cadeaux préférés ?

Apprendre à vivre dans le détachement, loin de l'ego, etc., c'est bien beau, c'est un cadeau à se faire. Bien sûr, on ne peut tout régler uniquement avec cette philosophie, mais c'est un apport important pour vivre avec plus de légèreté intérieure et se préserver de bien des maux. De tous mes livres, j'ai pu aborder le développement humain sur de nombreux angles et ce chemin est sans fin, en fait.

Au jour le jour, quel genre de cadeaux souhaitons-nous recevoir ou nous donner? Dans un monde où le stress, la commercialisation et la perte des vraies valeurs prennent encore trop de place, comment vivons-nous notre vie? Quel genre de cadeaux vous offrez-vous habituellement au jour le jour? Est-ce que les éléments suivants figurent au programme de votre vie : abondance de paix, de rire, de plaisir, de valorisation, d'actions concrètes à l'image de vos rêves? Est-ce que vous vibrez à ce que voulez de plus beau, de meilleur... ou prenez-vous ce que la vie vous amène en oubliant trop souvent de préciser positivement vos désirs?

Par exemple Noël, ou encore le temps des fêtes en général ; qu'est-ce que cela représente pour vous? L'occasion de vous retrouver en famille? Un moment où l'amour s'exprime encore plus entre les gens? Un prétexte pour faire des cadeaux? Un temps pour le partage? Une période pour se reposer? Selon chacun, il y a un peu de tout ça qui peut être vrai. Pour moi, l'ultime cadeau, c'est tout ce que je peux me donner au quotidien en prenant soin le mieux possible de l'être que je suis.

Voici une petite métaphore sur l'art de recevoir des cadeaux de la vie...

Un jour, une dame âgée décède et arrive au ciel à la rencontre de saint Pierre. Celui-ci la salue, lui souhaite la bienvenue, et tout à coup la dame s'exclame après avoir regardé tout autour de l'immense pièce où se retrouvait son hôte : « Mais qu'est-ce que c'est que tous ces cadeaux ? » Et saint Pierre lui répond : « Ils étaient tous pour vous, mais vous ne les avez jamais demandés durant votre vie ! »

Et vous ? Quels sont les cadeaux que vous vous offrez ? Est-ce que la paix intérieure, la sérénité, la douceur, le calme, une saine alimentation, de l'exercice, le plaisir, le langage du cœur, l'instant présent bien vécu figurent au programme de votre vie ?

Est-ce qu'il y a de la joie, de l'aisance, de la légèreté dans votre vie, dans ce que vous faites au quotidien ? Qu'est-ce qui vous apporte le plus de joie profonde ? Le plaisir représente les effets des petits et grands événements heureux de la vie. La joie, elle, est une vibration qui vient du cœur et que l'on porte quoi qu'il arrive. En fait, si on pense que quelque chose n'est pas pour soi, il sera difficile d'y accéder, et vice versa.

Osons croire en une bonne solution pour tel ou tel problème, faisons confiance à l'Univers, à notre intelligence supérieure et à la sage façon dont les choses peuvent s'arranger. Quand nous branchons un appareil électrique dans le mur, est-ce que nous voyons le fil forcer pour faire passer le courant ? Alors nous, pourquoi forçons-nous dans nos demandes intérieures et notre vie en général ? C'est tout ça se brancher sur son cœur.

Est-ce que les doutes sont porteurs de résultats favorables ? Le plaisir, la foi, l'enthousiasme nous propulsent vers l'avant, tandis que le stress raidit notre organisme. La joie, le rire, l'optimisme, la spiritualité l'assouplissent. Osons nous offrir de tels cadeaux, pour que ce soit « fête » très souvent.

Selon la loi d'attraction, on ne peut attirer que des gens et des situations qui constituent un miroir partiel ou réel de notre for intérieur (en lien avec nos peurs, nos jugements, nos qualités, nos croyances, nos bons côtés, etc.). Si vous pensez à votre dernière semaine par exemple, quel genre de personnes ou de situations avez-vous rencontrées, que ce soit au restaurant, dans la rue, au bureau, sur la route, etc. ? Comment étaient ces gens ? Gentils, arrogants, calmes, stressés, à l'ego très fort, à l'écoute, au caractère souple, de communication facile, souriants, grognons ? Comment avez-vous réagi ? Quel message pouvez-vous en retirer ? Avez-vous lâché prise devant les comportements plus difficiles en vous réjouissant de les avoir repérés et d'être resté neutre, ce qui tend à les éloigner, ou alors avez-vous savouré toutes ces douceurs, ces belles choses au passage ? Il est important de voir surtout tout ce qui va bien. Même si on a vécu quelque chose de difficile, on peut en avoir grandi énormément par l'apprentissage que cela a nécessité.

Si les autres nous accablent, serait-ce que l'on a quelque chose en nous qui nous accable ? Voyons les autres comme des miroirs qui ont quelque chose à nous indiquer sur notre intérieur. Nous font-ils développer de la flexibilité, nous révèlent-ils nos propres travers ou nos plus belles qualités ? Nous aident-ils à devenir conscients qu'il est bien d'être moins critiques et de se mêler de nos affaires ? Nous aident-ils à leur insu à nous habituer à voir le beau côté des choses en nous faisant réaliser, par leur comportement, qu'il soit désagréable ou plaisant, que nous ne voulons plus d'un entourage morose et négatif, mais plutôt des événements heureux et des gens qui vibrent au gré de la joie et de l'optimisme, et que ça nous arrive aussi d'être désagréables ?

Merci pour leurs enseignements, gardons-en les apprentissages et passons à autre chose en étant reconnaissants du message qu'ils ne sont peut-être même pas conscients de nous avoir donné. On pourrait en parler longtemps et reconnaître une fois de plus que l'ego est souvent un batailleur qui cause bien des pertes d'énergie dans son besoin d'avoir raison, d'argumenter, etc. Lâcher prise sur des choses non essentielles, de vieilles émotions, de vieilles croyances ou de vieux comportements, c'est s'élever intérieurement, c'est la voie vers la paix du cœur et de l'esprit.

Lorsqu'on est présent à notre intuition et au moment présent, on accueille bien plus facilement les merveilleux cadeaux de la vie. Je sais que j'ai tourné bien des messages dans tous les sens. Le but est d'en arriver à avoir démystifié le plus de façons possible par lesquelles nos histoires de vie se présentent afin de les reconnaître plus vite.

Donc, prendre le temps de se détendre en profondeur demeure une clef maîtresse pour rester en contact avec soi, recevoir des messages clairs en provenance de notre for intérieur. Avoir un sourire dans le visage et dans le cœur, c'est un antidote aux nuages sombres de la vie.

Douceur pour le cœur

Un paysan, avec trois de ses ânes, se rendait au marché pour vendre sa récolte. La ville était loin et il lui faudrait plusieurs jours pour l'atteindre.

Le premier soir, il s'arrête pour bivouaquer non loin de la maison d'un vieil ermite. Au moment d'attacher son dernier âne, il s'aperçoit qu'il lui manque une corde. « Si je n'attache pas mon âne, se dit-il, demain il se sera sauvé dans la montagne ! » Il monte sur son âne et prend la direction de la maison du vieil ermite. Arrivé, il demande au vieil homme s'il n'aurait pas une corde à lui donner. Le vieillard avait depuis longtemps fait vœu de pauvreté et n'avait pas la moindre corde ; cependant, il dit au paysan :

« Retourne à ton campement et comme chaque jour, fais le geste de passer une corde autour du cou de ton âne et n'oublie pas de feindre de l'attacher à un arbre. »

Le paysan fit exactement ce que lui avait conseillé le vieil homme. Le lendemain, dès qu'il fut réveillé, le premier regard du paysan fut pour son âne. Il était toujours là !

Après avoir chargé les trois baudets, il décide de se mettre en route, mais là, il a beau faire, tirer sur son âne, le pousser, rien n'y fait. L'âne refuse de bouger.

Désespéré, le paysan retourne voir l'ermite et lui raconte sa mésaventure.

« As-tu pensé à enlever la corde ? lui demande-t-il.

— Mais il n'y a pas de corde ! répond le paysan.

— Pour toi, non, mais pour l'âne, oui... »

Le paysan retourne au campement, et d'un ample mouvement, il mime le geste de retirer la corde. L'âne le suit sans aucune résistance.

Ne nous moquons pas de cet âne. Ne sommes-nous pas, nous aussi, esclaves de nos habitudes, pire, esclaves de nos habitudes mentales ? Demandez-vous quelle corde invisible vous empêche de progresser.

Sourire, ça fait du bien !

Une dame âgée annonce, triomphante, à ses petits-enfants :

« Victoire ! Après cinquante ans de mariage, j'ai enfin réussi à faire perdre à votre grand-père sa sale manie. Maintenant, il ne ronge plus ses ongles.

— Et comment as-tu fait ? demande l'un des petits-enfants.

— Chut ! J'ai caché son dentier. »

CHAPITRE 14

Augmenter l'état de bien-être, protéger son énergie

Il est possible de prendre soin de soi par de toutes petites attentions au jour le jour. Il n'est aucunement nécessaire de s'astreindre à des activités qui alourdiraient encore plus le quotidien. Je prends comme exemple une personne qui décide de suivre des cours de yoga pour relaxer, mais qui déteste ça. Le moment où elle se sent le plus relaxée, c'est en sortant du cours. Une marche dans la nature et quelques petits étirements seraient l'idéal pour elle en ce moment peut-être. Elle pourrait y trouver plus de calme dans un cadre très simple, juste en tête-à-tête avec elle-même. Il est primordial de respecter nos goûts et de ne rien s'imposer de désagréable au nom du détachement et de l'acceptation de ce qui est et de rester tout de même ouvert à la nouveauté.

Plus on est détendu et serein, plus nos relations le sont également, ça se reflète dans nos attitudes, et plus notre niveau d'énergie a des chances de rester élevé également. En étant plus calme, on fait plus facilement face aux événements de toutes sortes. À quoi servent toutes ces agitations futiles, ces stress accumulés, cette course folle ? Où sont nos priorités ? À quand remonte la dernière rencontre avec soi-même ? Voici quelques idées pour se faire du bien et devenir de plus en plus calme.

Être en mouvement

Être en mouvement peut prendre deux sens bien distincts. Faire de l'exercice physique est un plus pour notre capital santé. Mais il y a aussi les mouvements grugeurs d'énergie. Pensez par exemple à des mouvements d'impatience, d'énervement, de stress comme une jambe qui remue tout le temps, se gratter le nez, passer sa main dans les cheveux à répétition comme des gens qu'on voit à la télé et qui ne cessent de se déplacer la mèche, on stresse pour eux. Je ne juge aucunement, une fois de plus. Si on veut reconnaître les choses, il est important de les nommer, de les faire émerger par des exemples. Ces mouvements automatiques et souvent inconscients demandent de l'énergie au corps, eh oui.

On dira peut-être que c'est minime, mais c'est là, et pourquoi c'est là, eh bien il y a de bonnes chances que l'énergie nerveuse soit aussi sollicitée et qu'elle déclenche ces gestes. En langage non verbal, l'ego intervient aussi dans certains gestes, c'est intéressant. Mais je vous laisse aller vers ces ressources si vous le désirez. Donc, devenir de plus en plus calme, c'est s'offrir des périodes d'immobilité pour prendre contact avec son corps, son intérieur subtil, et se recentrer, tout en protégeant ainsi ses énergies et en apprenant à vivre plus consciemment.

L'énergie reliée à la parole

La parole demande beaucoup d'énergie. Le simple fait de prêter attention aux paroles qui peuvent être sans réelle importance, aux propos inutiles et automatiques peut faire récupérer bien des énergies. En prenant conscience de son débit verbal, on réalise à quel point on est hyperactif parfois. Ça ne veut aucunement dire qu'il faut se taire et ne plus communiquer, mais il est nécessaire de comprendre comment on utilise cet outil. J'ai déjà entendu cette petite phrase quelque part: «Le sage parle peu, mais quand il parle, c'est juste.» Ça ne veut pas dire qu'une personne qui parle beaucoup tient des propos qui ne sont pas justes, c'est seulement un point de plus pour s'observer.

Il nous est fort probablement tous arrivé de nous sentir un peu «étourdis» en présence d'un moulin à paroles qui demeure superficiel, n'est-ce pas? Rester calme sur le plan du langage protège aussi nos énergies. Je le perçois en faisant des conférences. En majorité, c'est super décontracté avec les groupes et j'en ressors énergisée. Quand je fais face à un groupe plus froid ou plus dans son ego, j'en ressors vidée, même si je suis consciente d'avoir à me protéger. Je dois travailler plus intensément pour garder l'énergie du groupe et ma concentration.

Le comble, c'est quand un conférencier présente sa matière avec cœur et que tous les messages ont été passés dans ce sens et en profondeur, et qu'il se fait dire qu'il n'y avait pas assez de contenu. Pour certains, s'il n'y a pas de présentation sur PowerPoint, de séquences hyper rationnelles et techniques genre points 1, 2, 3, c'est moins bon. C'est rare que ça arrive, mais ça arrive. J'ai des amis conférenciers de longue date qui peuvent aussi en parler, mais ce n'est pas important en fait, on apprend à travers ça. On rêve alors que cette nouvelle conscience émerge et vite en ce beau monde.

Les gens plus branchés reconnaîtront cette essence de vie dans le partage et pour les ego plus forts, ce sera balayé du revers de la main. C'est à la fois une belle pratique pour l'orateur que de reconnaître la situation, en prendre les apprentissages et souhaiter le meilleur à tous tout en continuant de s'améliorer au besoin, bien entendu. J'ai vécu ça deux fois en de nombreuses années de carrière à ce jour et ce n'est pas évident. Et si on s'est trompé, eh bien, il est important de le reconnaître et de prendre notre part de responsabilité. Il semble que le hasard n'existe pas, alors...

Tout cela pour dire que si on est sollicité par le mental, ce qui est le cas dans cet exemple, on dépense beaucoup plus d'énergie. On veut être dans la Source, dans l'inspiration, mais quand l'écho du public nous retourne une fréquence de résistance, on réagit, la petite voix du mental en dedans réussit à se faire entendre et on se demande ce qu'on a fait de pas correct et on se fatigue à garder l'attention.

Mais c'est ça la vie, les points de vue ne sont pas à discuter. C'est ainsi que le respect intervient. Par contre, on apprend à s'écouter dans nos choix et à aller vers des gens qui nous ressemblent. C'est là que la prise de conscience du contexte environnant est tout aussi importante que la conscience de soi. Généralement, personne ne nous a placés de force dans une telle situation, alors on se doit d'en tirer la leçon et de s'organiser pour faire différemment par la suite.

L'impact de nos pensées

Prendre soin de ce qui se passe entre nos deux oreilles, oui, nos chères pensées encore et encore, c'est essentiel. Le mental est souvent vagabond et nous fait perdre notre calme profond par son activité bien présente. Sur quoi voulons-nous fixer notre attention? Sur ce qui va bien, ce qui est positif, inspirant. À nous de faire les actions pour y arriver. Avez-vous déjà tenté de maintenir cette direction au moins pendant un mois? Bien des gens vont dire que ça ne fonctionne pas, ces choses-là, mais ils ne pratiquent que quelques heures ou quelques jours. C'est certain que les résultats seront neutralisés.

Si on laisse nos pensées créer de l'énervement, nous présenter une série d'images mentales plus ou moins favorables, on vit davantage de stress. Pensez à une rivière qui coule paisiblement, émettant un son particulier sur les roches qui forment une petite cascade, ou pensez au chant des oiseaux en forêt. Ou encore, imaginez-vous sur le toit du plus haut édifice du monde et vous avancez pieds nus en vous plaçant les orteils complètement sur le bord de la structure, et vous regardez en bas, de si haut. Que se passe-t-il? Un vertige se fait sentir ou un quelconque inconfort. En imagination, revenez au centre du même bâtiment et répétez la même chose, sauf que cette fois-ci, arrivé au bord, vous avez de belles grandes ailes et vous vous envolez. La sensation est bien différente, n'est-ce pas ? Voici la force de la pensée !

Alors, faire le calme en soi, c'est porter attention à ce qui se passe, à comment on agit et réagit, etc. Il ne s'agit pas d'en faire une religion, mais juste un jeu d'observation pour notre plus grand bien, avec le sourire du cœur tout en sachant que la récolte ne peut qu'être merveilleuse. Contempler ce qui va bien, agir ainsi, et c'est ce qu'on attire.

La respiration

La respiration sert à laisser entrer la vie en soi. Pas d'air, pas de vie. Le calme y prend grandement sa source également. Observez à quel point on respire vite quand on est stressé et combien c'est doux quand on est calme. C'est merveilleux, on a la capacité d'exercer un certain contrôle sur cette fonction. Je veux éviter d'entrer dans les grandes théories avec des techniques particulières. Je préfère prendre conscience de l'amplitude respiratoire, de son rythme, c'est déjà un grand facteur de réussite.

Plus la respiration est superficielle et accélérée, plus l'activité mentale s'emballe et le stress entre en jeu. Par contre, quand la respiration est longue et profonde, l'activité mentale s'apaise et le corps peut commencer à se détendre. Lorsqu'on se sent tendu, le fait de prendre contrôle de sa respiration aide à se calmer.

Tout en restant loin des techniques, voici une façon de mettre sa respiration à profit. Si vous vivez une émotion difficile, prenez trois bonnes respirations et laissez le calme entrer en vous en en prenant conscience. Pourquoi trois respirations ? À la première, c'est comme si on se disait que c'est comme d'habitude ; à la deuxième, ça n'attire pas l'attention plus que ça ; mais à la troisième, c'est comme si on se disait : « Oh oh, il se passe quelque chose » et en portant ainsi attention sur sa respiration, on réalise que c'est un temps spécial qui se prépare. C'est très caricaturé, mais on se comprend.

Donc, pour en revenir à l'émotion, si elle a été déclenchée par une interaction avec une autre personne, rendez-lui en imagination ce qui lui appartient ou dirigez cette énergie vers le sol, ou bien débarrassez-vous-en sous l'eau du robinet ou de la douche. Cela crée comme une mise à la terre des énergies indésirables. En faisant cela, imaginez que vous prenez l'émotion en vous et que vous la retirez de votre plexus (vis-à-vis de l'estomac en le faisant avec la main ou en imagination avec le geste). Selon ce qui vous rejoint, vous pourriez jouer à la projeter vers le ciel, en la voyant se transformer et retomber sous forme de poussières lumineuses et heureuses ou en la laissant se dissoudre dans l'espace. Remerciez pour ce détachement si bénéfique. On se dissocie alors de ce qui est et on reprend notre pouvoir personnel.

Nos réactions

Si une personne est impulsive dans ses échanges verbaux par exemple, si son ego, l'accumulation d'émotions et de stress sont très présents ces temps-ci, il y a bien des chances que les réactions soient plus intenses en général. Elle croira peut-être se soulager en disant ses quatre vérités à quelqu'un, mais en fait, c'est sa boule de stress qui continue de la manipuler et de créer des vagues défavorables tout autour.

Quand les émotions prennent le contrôle, effectivement il y a un manque de calme et le signal doit être reçu, sinon c'est l'escalade. Se garder du temps pour se retirer, faire le vide est salutaire, ça évite aussi les regrets quand on est allé trop loin dans des propos malveillants, etc. Ça ne veut aucunement dire de se taire ou de refouler, mais de gérer comment on le fait pour le plus grand bien de tous. Et si on explose, eh bien il faut être assez humble pour s'excuser et reconnaître que le stress est présent, au lieu d'accuser tout un chacun.

Prendre un recul de quelques minutes pour se recentrer avant d'exprimer notre point de vue en situation divergente évitera de faire des gaffes. Vous pourriez vous dire, intérieurement: «Je vais exprimer mon point de vue, mais dans cinq minutes.» Le calme est toujours plus gagnant que la colère.

Juste pour le plaisir, voici quelques situations où on a la chance de se sentir bien; mais est-ce qu'on les apprécie suffisamment pour ce qu'elles sont? Tentez de les ressentir tandis que vous les lisez, pour que ce soit pareil en les vivant. Les petites choses du quotidien sont riches en bons moments, il suffit de les savourer.

- Une douche chaude.
- Jouer avec un ou des enfants.
- Faire des choses loufoques et amusantes, et rigoler sans raison, hors du mental, juste dans la joie d'avoir du plaisir, comme faire des bulles avec une paille dans un verre de lait, jouer des tours, danser, sautiller, rigoler, aller à un bal costumé, jouer comme des enfants, regarder des dessins animés, etc.
- Faire une promenade dans un beau paysage.
- Entendre sa chanson préférée à la radio.
- Flâner au lit en écoutant la pluie tomber.
- Manipuler des serviettes toutes chaudes qui sortent de la sécheuse.
- Trouver le chandail que vous désirez tant en solde à moitié prix.
- Prendre un bain moussant.
- Avoir des fous rires.
- Trouver de l'argent resté dans la poche de votre manteau de printemps.
- Entendre accidentellement quelqu'un dire quelque chose de bien sur vous.
- Se réveiller et réaliser qu'il reste encore quelques heures à dormir.
- Jouer avec un chiot.

- Boire un bon chocolat chaud.
- Partir à l'aventure avec des amis.
- Danser sur des musiques entraînantes.
- Envelopper des cadeaux de Noël tout en mangeant des biscuits et en buvant votre boisson préférée.
- Trouver des paroles de chanson sur votre nouveau CD que vous pouvez chanter seul sans vous sentir stupide (ou chanter seul en vous sentant stupide... et en rire).
- Aller à un bon concert.
- Faire des biscuits aux pépites de chocolat.
- Recevoir d'un ami vos biscuits préférés.
- Passer du temps avec des personnes chères.
- Voir sourire et entendre rire vos amis, vos enfants, etc.
- Tenir la main d'une personne qui est importante pour vous.
- Retrouver un vieil ami et réaliser que, malgré tout, les choses n'ont pas changé entre vous.
- Regarder le lever du soleil.
- Sortir du lit chaque matin et être reconnaissant de cette autre magnifique journée.
- Et quelles sont les vôtres spécifiquement?

Adaptation d'un texte d'un auteur inconnu

La vie passe, on court, on court, mais toutes ces choses sont là, quelque part sur la route. Est-ce que vous vous laissez aller à vivre ces bonnes sensations, ces bonnes choses?

Réflexions sur la santé

Notre vie est le reflet de ce que l'on est, et j'oserais dire de notre évolution personnelle, sans oublier l'influence de notre libre arbitre. Nous constatons des engorgements monstres dans les hôpitaux, des profits exorbitants des géants pharmaceutiques et trop de gens se retrouvent souvent démunis devant la gestion de leur santé. Comme s'il était normal et naturel d'avoir régulièrement un petit ou un gros problème de santé.

Trop de gens assistent impuissants à un vieillissement prématuré ou accentué de leur corps, associé à des pertes dans leurs capacités physiques, pour ne pas dire psychiques. La société serait-elle désabusée dans son mode de vie? Heureusement, l'arrivée du «nouveau monde» viendra selon moi secouer les consciences et accomplir des changements attendus et combien favorables.

Je me pose même la question suivante: «Pourquoi avons-nous une carte d'assurance maladie au Québec au lieu d'une carte d'assurance santé?» Je considère cette appellation bien suggestive et négative, sans vouloir couper les cheveux en quatre, comme on dit. Subtilement, inconsciemment, il y a un certain état de dépendance au monde extérieur en ce qui concerne la gestion de sa santé, et je le répète, c'est très inconscient chez bien des gens. D'où l'importance de faire une éducation renouvelée de ces concepts. Mais c'est mon opinion...

La douceur de vivre

Rire, être en paix, faire le calme, rester en silence, parler plus lentement, faire des mouvements plus lents, prendre le temps de bien manger des aliments santé, de savourer, marcher en forêt, y respirer à pleins poumons, se remplir de cette énergie en faisant le jeu de la prendre avec nos mains... N'est-ce pas du pur bonheur? Nourrir nos corps énergétique et physique de cette paix. Comme le dit à la blague un ami humoriste en France, Albert Meslay: «La meilleure façon d'avoir une mort naturelle est de manger bio.» Cet homme est un virtuose des mots, un génie de la scène et il est très comique sous une apparence qui fausse volontairement les perceptions. Un humour intelligent, actuel, propre et engagé. Je me souviendrai toujours de son spectacle à Laval, en France. J'ai son CD et il me fait encore rire.

Douceur pour le cœur

Le jour où je me suis aimé

Le jour où je me suis aimé pour vrai, j'ai pu percevoir que mon anxiété et ma souffrance émotionnelle n'étaient rien d'autre qu'un signal lorsque j'allais à l'encontre de mes convictions. Aujourd'hui, je sais que ça s'appelle *authenticité*.

Le jour où je me suis aimé pour vrai, j'ai cessé de vouloir une vie différente et j'ai commencé à voir que tout ce qui m'arrivait contribuait à ma croissance personnelle. Aujourd'hui, je sais que ça s'appelle *maturité*.

Le jour où je me suis aimé pour vrai, j'ai commencé à percevoir de l'abus dans le fait de forcer une situation ou une personne dans le seul but d'obtenir ce que je veux, sachant très bien que ni la personne ni moi-même n'étions prêts et que ce n'était pas le moment. Aujourd'hui, je sais que ça s'appelle *respect*.

Le jour où je me suis aimé pour vrai, j'ai commencé à me libérer de tout ce qui ne m'était pas salutaire : personnes, situations, tout ce qui baissait mon énergie. Au début, ma raison appelait ça de l'égoïsme. Aujourd'hui, je sais que ça s'appelle *amour-propre*.

Le jour où je me suis aimé pour vrai, j'ai cessé d'avoir peur du temps libre et j'ai arrêté d'élaborer de grands plans plus ou moins pertinents, j'ai abandonné les mégaprojets dévoreurs d'énergie et opté pour ce qui me fait vibrer. Aujourd'hui, je fais ce qui est bon, ce que j'aime, quand ça me plaît et à mon rythme. Aujourd'hui, je sais que ça s'appelle *simplicité*.

Le jour où je me suis aimé pour vrai, j'ai cessé de chercher à toujours avoir raison et me suis rendu compte de toutes les occasions où je me suis trompé. Aujourd'hui, j'ai découvert l'*humilité.*

Le jour où je me suis aimé pour vrai, j'ai cessé de revivre le passé et de me préoccuper de l'avenir. Aujourd'hui, je vis au présent, là où toute la vie se passe.

Aujourd'hui, je vis une seule journée à la fois, et ça s'appelle *plénitude.*

Le jour où je me suis aimé pour vrai, j'ai compris que ma tête pouvait me tromper et me décevoir, mais que si je la mettais au service de mon cœur, elle devenait une alliée très précieuse.

Aujourd'hui, j'ai découvert l'*amour* et l'*estime de moi.*

Auteur inconnu

Sourire, ça fait du bien!

L'emploi au zoo

Un type se cherche un emploi. Il voit dans le journal: «Homme demandé, zoo de la ville, aucune expérience requise.»

Il se rend donc au zoo: «Pis, c'est quoi votre job?

— Bon, notre gorille est mort... faut le remplacer. Vous avez un costume de gorille, vous gagnez 1000$ par semaine.

— Parfait.

— Mais il faut garder ça secret. Si jamais ça se savait que c'est un déguisement, on serait dans le trouble.

— Promis, je prends l'emploi et je ne dis rien ! »

Le gars enfile le costume et commence son nouveau travail.

Les gens passent et le regardent. Il court un petit peu. Les gens applaudissent. Il saute un petit peu. Les gens applaudissent, ils sont contents. Le zoo bat des records d'entrées. Le patron est content.

Le gorille fait de plus en plus d'acrobaties, il s'accroche aux lianes et s'élance. Un jour, il s'élance trop fort et atterrit dans la cage du lion. Il crie : « Au secours ! Au secours ! » Le lion s'approche et lui dit :

« Ferme-la, on va perdre nos jobs ! »

15

CHAPITRE

Méditation et intuition

On entend souvent parler de méditation et pour bien des gens, juste le mot peut sembler ardu, ce qui est dissuasif. Si je vous parle plutôt de recueillement, est-ce que ça passe mieux ? Pour plusieurs, oui. Il s'agit simplement de prendre le temps de faire le calme en dedans, d'être attentif à soi, de devenir observateur encore une fois. Pour le mot à choisir, cela vous appartient selon ce qui vous rejoint le plus.

Plonger au cœur de soi est une des plus merveilleuses expériences que nous puissions nous offrir. Pour moi, c'est une source de ressourcement très importante et nécessaire. Elle me permet de sortir du tumulte extérieur ou de tout simplement penser à moi, d'orienter ma vie, de trouver des réponses, etc. Je mentirais si je disais que tout fonctionne à 100 %, que je trouve toutes mes réponses, sauf que je sais qu'en tout temps je peux me retrouver en paix dans cette oasis intérieure.

Les quelques phrases qui suivent indiquent que la méditation, le recueillement, ça se fait aussi de bien des façons. Donc, méditer ou se recueillir...

... c'est apprendre à vivre le moment présent en unité avec la présence universelle en soi ;

... c'est s'offrir un profond moment de douceur, d'accueil en tête-à-tête avec soi-même;

... c'est choisir de laisser notre intelligence supérieure nous soutenir dans le courant de la vie;

... c'est savoir s'émerveiller de toutes les belles choses qui nous entourent ou qui nous animent;

... c'est prendre le temps de vivre, de ressentir subtilement ce qui se passe en nous, de goûter la vie avec intensité, de voir avec les yeux du cœur, d'entendre au-delà des mots, de toucher avec sensibilité, bref, c'est vivre autrement que sous le couvert de la superficialité matérialiste au sens large du terme;

... c'est se nourrir profondément de l'intérieur dans le silence et l'ouverture de conscience. On fait place à l'énergie créatrice et régénératrice de la Source qui peut s'exprimer à travers le fil conducteur que nous sommes, permettant ainsi que notre conscience puisse s'allier à tout ce qui vit dans ce «grand Un» qui nous unit tous. Avec cette perception, on acquiert une responsabilité individuelle qui va bien au-delà de notre petit univers matériel quotidien;

... c'est se trouver des sources d'inspiration et de relaxation, que ce soit le plaisir de fixer une bougie et d'en regarder la flamme à l'intérieur de l'écran mental en fermant les yeux, de se concentrer sur sa respiration en état de détente, de contempler doucement un oiseau, les feuilles qui bougent sur les branches, savourer un bon moment entre amis, etc. En fait, tout ce qui permet de décrocher le mental de son rythme accéléré ou de le faire taire peut en quelque sorte devenir une forme de méditation. On fait ainsi de l'espace pour l'émergence de nouvelles idées;

... c'est s'offrir la chance de devenir de plus en plus un être porteur de lumière et de plus en plus rempli d'humilité, sachant que nos forces intérieures s'épanouissent grâce à cette connexion divine qui circule dans chaque cellule de notre corps et dans nos corps subtils;

... c'est entrer dans un état où on ne sent plus notre corps et où on se perçoit dans cette unité spirituelle porteuse de grande paix. On se détache d'une appartenance totale axée sur la matière seulement. On glisse dans notre dimension fondamentale. Qu'on est bien! On fait l'unité du corps, de l'âme et de l'esprit en soi.

Vivre consciemment, c'est être attentif à ce qu'on fait au fil de nos tâches quotidiennes (par exemple, en faisant le ménage, en cuisinant, en étant sur la route, etc.). On y met de la joie, de la vie. On devient ainsi dans un état de contemplation du moment présent et présent à nos sensations. La gratitude et la conscience de ce qui est sont des éléments majeurs qui méritent d'être cultivés à chaque instant.

On peut se demander fréquemment: «Comment je me sens actuellement, en dedans de moi?» Le sentiment éprouvé en dit long sur nos états d'âme. Je l'ai appris à mes dépens au cours de cet épuisement professionnel qui m'a clouée au lit, pour ne pas dire au sol, pendant des mois, car je ne pouvais plus marcher, j'étais faible et tellement étourdie, ébranlée, que je me traînais par terre, eh oui... Le calme, l'aide et la métaphysique ont été des clefs. J'ai dû aller voir au-delà du physique, apprivoiser mes souffrances progressivement. Je m'étais trop éloignée de moi, j'avais perdu le contact avec moi-même, je m'en étais aussi trop demandé. J'endormais le mal par le travail. C'est la méditation qui m'a, entre autres, aidée à me retrouver.

On le sent quand on est débranché d'avec la source. Dites-vous, par exemple: «Ma belle Thérèse, OK, je me rebranche dès maintenant», en visualisant et en ressentant que vous vous recentrez, et ce, avec le sourire et le cœur remplis d'amour pour soi.

Je peux aussi affirmer que méditer, c'est s'ouvrir à la lumière dans le sens spirituel du terme. Plus on porte notre attention exclusivement sur l'extérieur, moins on contacte la lumière. Certes, nous avons une vie terrestre et il importe de la vivre intensément, car elle fait partie de notre processus d'évolution, mais je pense que nous devons toutefois nous enquérir du trésor lumineux intérieur qui est à notre disposition à chaque instant. Ressentir cette énergie de vie qui coule en nous comme un fleuve de lumière qui inonde chaque particule de notre être de ses bénédictions est tellement une bonne sensation qu'elle mérite toute notre attention. Éviter de voir ça comme un fardeau et jouer à découvrir ce qui en est, comme un enfant. Quand on sort du trop-plein de rationnel, ça marche.

Le rythme de la vie d'aujourd'hui est parfois ahurissant. Il nous faut prendre des temps d'arrêt pour préserver et entretenir notre santé physique, mentale, émotionnelle et même spirituelle. Comme je l'ai dit d'une autre façon précédemment, le rire, le plaisir, la joie de vivre sont aussi des énergies porteuses de lumière. Faisons-leur une place de choix. Je le vois en salle, car c'est une partie de mon enseignement, et je peux le constater à chaque conférence : de nombreuses personnes retrouvent une flamme de vitalité renouvelée à la suite du contact avec cette énergie partagée.

Puisque nous sommes des unités psychophysiques et spirituelles, on peut convenir, selon moi, que nos états d'âme ont un effet direct sur notre circulation énergétique, sur notre taux vibratoire. On éprouve un tel plaisir à vivre de façon métaphysique (bien connecté à son for intérieur, à sa source dans une dimension positive de la vie). On entend souvent dire que le corps est le reflet des pensées et je pense que c'est une très belle vérité.

Rester centré

Il est très facile de sortir du moment présent. Imaginez que vous avez une entrevue à passer à la suite de l'envoi de votre curriculum vitæ, et qu'en vous voyant le patron a un air très sérieux et vous dit qu'il sera à vous dans vingt minutes. Comment se passeraient ces vingt minutes ? Votre réaction initiale ressemblerait à quoi ? Stress, doute, intimidation, anxiété? Seriez-vous tenté de le considérer déjà comme un être sévère au point d'avoir le goût de vous sauver? Seriez-vous facilement capable de rester optimiste en vous disant qu'il est extrêmement occupé, mais qu'au moins il est venu vous faire signe lui-même? Vous ne douteriez pas que votre potentiel est de calibre pour ce milieu. Vous garderiez le sourire, respirant calmement et éprouvant un sentiment de confiance.

Voyez-vous ici à quel point le mental a beau jeu? Nos perceptions, nos croyances s'activent au besoin selon nos filtres intérieurs, ce que nous avons enregistré comme le monde pour nous. Si la croyance est fortement en lien avec «Je ne suis pas assez bon», ça peut faire jaillir un stress susceptible de cacher l'impact de votre potentiel pourtant si pertinent pour ce poste. Sinon, tout ira bien.

Il y a encore une autre façon de vivre le même exemple. Peut-être que votre intuition vous avertirait que vous ne seriez pas bien à cet endroit, c'est possible aussi.

Comment réagir avec de tels inconforts?

Si vous sentez que les émotions ou les croyances font la fête en dedans de vous dès que vous ressentez la peur ou le doute par exemple, prenez quelques instants pour vous concentrer sur vos sensations corporelles. Voyez si vos muscles sont tendus ou détendus, comment se portent les muscles de vos épaules plus spécifiquement, votre rythme cardiaque, la vitesse de votre respiration, etc.

Observez ces sensations et reconnaissez-les comme présentes. Vous pourriez vous dire tout bonnement: «Je perçois que mes épaules deviennent tendues, raides, que mes mains sont moites et que je suis nerveux en ce moment.» Par la suite, amusez-vous à calmer ces sensations en respirant lentement et profondément, en affichant un sourire intérieur bien ancré au moment présent. Relaxez vos muscles et restez dans le moment présent le plus possible, soyez juste là, sans penser à autre chose qu'aux sensations de votre corps. Si des pensées arrivent, laissez-les filer sans en tenir compte. Choisissez le calme, et la peur va s'évanouir. Observez ce qui se passe autour de vous, le contact de vos fesses avec la chaise, etc. Juste être là, ici et maintenant. Imaginez-la peur face à vous et parlez avec elle. Vous affirmerez ainsi votre pouvoir.

Petit exercice pour développer l'intuition

Voici un petit exercice tout simple pour vous aider à développer l'intuition, à être en contact toujours plus avec l'intérieur. Le but est d'en arriver à faire la différence entre un oui et un non à l'intérieur, au niveau du ressenti.

Je vous invite à penser à quelque chose qui provoque sans équivoque un non comme réponse. Par exemple, je m'appelle X, un tout autre nom que le vôtre. Ou pensez à un aliment que vous détestez et dites que vous l'aimez, ou encore un endroit de résidence autre, etc. Peu importe, pourvu que ce soit un non comme réponse. En posant la question en dedans de vous, observez où se situe la sensation et comment elle se présente. Répétez avec différentes questions pour en vérifier l'exactitude. Comment ça réagit dans votre corps? Observez seulement, sans forcer.

Pour certains, ce sera une sensation au bas du ventre, une petite tension à la gorge; ça peut être subtil, mais il se passe généralement quelque chose. Prenez quelques respirations, comme pour sortir l'énergie du non, et on va y aller avec le oui. On refait le même exercice, mais en pensant à quelque chose à quoi vous répondrez oui absolument. Vous pouvez utiliser des affirmations contraires à celles de tout à l'heure ou une toute autre idée. Par exemple, «Je m'appelle X. J'aime le cinéma, je demeure à telle adresse», etc.

Que se passe-t-il? La sensation est différente? Comment se présente-t-elle? Vous pourriez aussi penser à un endroit où vous êtes allé en vacances, au soleil qui réchauffe, à la couleur des murs de votre salon, à vos goûts, etc. Ressentez et observez où et comment ça se passe en dedans. Répétez cet exercice fréquemment pour en raffiner la perception. Le oui devrait vous donner un sentiment de calme, de sérénité, de joie ou de confort ; le non créera fort probablement le contraire. En développant notre intuition, nous détenons un outil puissant pour vivre consciemment et être avertis de bien des choses au quotidien : mieux prendre nos décisions, savoir quoi dire ou ne pas dire, comprendre à qui on a affaire, etc. Vous pouvez aussi vous imaginer que vous ressentez les choses avec votre rayonnement énergétique, car c'est réel, comme une extension vibratoire de nous-mêmes. C'est efficace également, on le fait même souvent automatiquement, sans s'en rendre trop compte.

Douceur pour le cœur

Un Chinois pauvre suscitait la jalousie des plus riches du pays parce qu'il possédait un cheval blanc extraordinaire. Chaque fois qu'on lui proposait une fortune pour l'animal, le vieillard répondait :

« Ce cheval est beaucoup plus qu'un animal pour moi, c'est un ami, je ne peux pas le vendre. »

Un jour, le cheval disparut. Les voisins, rassemblés devant l'étable vide, donnèrent leur opinion :

« Pauvre idiot, il était prévisible qu'on te volerait cette bête. Pourquoi ne l'as-tu pas vendue ? Quel malheur ! »

Le paysan se montra plus circonspect :

« N'exagérons rien, dit-il. Disons que le cheval ne se trouve plus dans l'étable. C'est un fait. Tout le reste n'est qu'une appréciation de votre part. Comment savoir si c'est un bonheur ou un malheur ? Nous ne connaissons qu'un fragment de l'histoire. Qui sait ce qu'il adviendra ? »

Les gens se moquèrent du vieil homme. Ils le considéraient depuis longtemps comme un simple d'esprit. Quinze jours plus tard, le cheval blanc revint. Il n'avait pas été volé, il s'était tout simplement mis au vert et ramenait une douzaine de chevaux sauvages de son escapade. Les villageois s'attroupèrent de nouveau :

« Tu avais raison, ce n'était pas un malheur, mais une bénédiction.

— Je n'irais pas jusque-là, fit le paysan. Contentons-nous de dire que le cheval blanc est revenu. Comment savoir si c'est une chance ou une malchance ? Ce n'est qu'un épisode. Peut-on connaître le contenu d'un livre en ne lisant qu'une phrase ? »

Les villageois se dispersèrent, convaincus que le vieil homme déraisonnait. Recevoir douze beaux chevaux était indubitablement un cadeau du ciel, qui pouvait le nier ?

Le fils du paysan entreprit le dressage des chevaux sauvages. L'un d'eux le jeta à terre et le piétina. Les villageois vinrent une fois de plus donner leur avis :

« Pauvre ami ! Tu avais raison, ces chevaux sauvages ne t'ont pas porté chance. Voici que ton fils unique est estropié. Qui donc t'aidera dans tes vieux jours ? Tu es vraiment à plaindre.

— Voyons, rétorqua le paysan, n'allez pas si vite. Mon fils a perdu l'usage de ses jambes, c'est tout. Qui dira ce que cela nous aura apporté ? La vie se présente par petits bouts, nul ne peut prédire l'avenir. »

Quelque temps plus tard, la guerre éclata et tous les jeunes gens du village furent enrôlés dans l'armée, sauf l'invalide.

« Vieil homme, se lamentèrent les villageois, tu avais raison, ton fils ne peut plus marcher, mais il reste auprès de toi tandis que nos fils vont se faire tuer.

— Je vous en prie, répondit le paysan, ne jugez pas hâtivement. Vos jeunes sont enrôlés dans l'armée, le mien reste à la maison, c'est tout ce que nous puissions dire. Dieu seul sait si c'est un bien ou un mal. »

Nous avons tous un cheval blanc, mais veut-il nous conduire quelque part ou simplement nous apprendre à voyager ?

Lao Tseu

Sourire, ça fait du bien !

Quoi de plus déprimant qu'une salle d'attente pour prises de sang ! Hier, la présence d'une fillette de 3 ans en a changé toute l'atmosphère ! À sa grand-mère, qui attendait depuis longtemps, la mignonne a dit : « T'as pas encore fait ta crise de sang ? »

Après l'avoir accompagnée auprès de l'infirmière, au retour, toute fière, l'enfant s'adresse à tous en disant : « Grand-maman n'a pas pleuré ! »

Je ne croyais pas avoir autant de plaisir à aller à l'hôpital ce matin-là[7] !

7. Lyne Beaupré, http://legrenierdebibiane.com/Humour/rire13.html.

CHAPITRE 16

L'ego, les émotions et la manipulation

Il y a bien des façons de parler de l'ego, et depuis le début de ce livre, ça foisonne. Continuons de creuser le phénomène. Si on résume brièvement, l'ego est souvent ce que nous croyons être. Il nous sépare en quelque sorte de notre essence divine, comme si c'était une partie de nous-mêmes dissociée du tout. Ce n'est pas une mauvaise partie de nous à combattre férocement. C'est plutôt une façon faussée de fonctionner et qui nous éloigne du bonheur, de notre source, de notre intuition, etc. Il aime nous faire sentir plus importants que les autres, plus fins, et on se nuit royalement.

On saute dans le jeu de la comparaison et du dénigrement pour se faire une place. Pour s'apprivoiser, s'aimer, aimer les autres, il est important d'amoindrir les effets de l'ego, pour revenir à un langage du cœur qui est le siège du vrai pouvoir personnel. Sinon, c'est un peu comme si on se voyait d'un côté et que les autres étaient de l'autre côté, il y a un sentiment de division. Oui, on est tous distincts, bien entendu, mais ce genre de division est empreint de rivalité.

L'ego se complaît dans ce qu'il connaît. Il aime même miner le travail des autres, de peur qu'il soit davantage reconnu que le sien, comme si on lui soustrayait quelque chose.

Le moi superficiel

L'ego, c'est le « moi superficiel » en puissance. Il emmagasine bien des choses, des peurs, des souvenirs, des émotions, etc. Parfois il est plus léger, parfois il est bien gonflé. Il s'allie au monde matériel. Il aime qu'on se donne de l'importance, que ce soit par fierté égocentrique ou par la souffrance. L'humour aide à se décroûter de ce besoin d'importance. C'est en se prenant moins au sérieux qu'on devient plus sage, plus mature dans le cœur et dans la vie.

L'ego, c'est aussi une sorte d'armure érigée pour se protéger du monde, par peur d'avoir mal, entre autres. Ce qui compte à la base, c'est reconnaître notre propre valeur derrière la façade de protection pour revenir à la surface avec dignité et une fierté bien assumée. Ça, c'est de l'ego positif. On n'a pas à tenter de tout régler la même semaine. On se donne le temps de s'apprivoiser avec amour, et à partir de là, les choses à dégager remontent progressivement et en douceur et la sagesse, l'amour, la sérénité descendent en soi.

Petit truc pour apprivoiser une émotion

Je vous révèle un petit truc qui m'a bien aidée à me distancer d'une peur, d'une émotion ayant sa source dans le passé. Quand je sens que c'est là, je me dis : « D'accord, je ressens ce qui est là, mais c'est à la fille que j'étais autrefois que c'est arrivé, moi je suis bien ici et maintenant. » On peut imaginer que la sensation sort par le dessus de notre tête et est transformée en paix et en amour sous forme de pépites dorées par exemple. On se dissocie alors. Ainsi, on accueille au lieu de repousser en quelque sorte, parce qu'on reste témoin.

Le besoin d'identification

Il y a aussi le besoin d'identification à un groupe ou le besoin de se différencier qui nous a tous bien influencés. Bien des jeunes se démarqueront, par exemple, par leur style vestimentaire, leur coiffure, des *piercings*, etc. C'est un besoin qui peut être passager ou alors correspondre à des modes ou à cette identification ou différenciation justement. Tout ça pour dire que le besoin de se sentir quelqu'un, c'est humain, que des moyens extérieurs ont leur place et d'ailleurs, on le fait tous à notre façon. La personnalité n'est pas faite que de zones plus secrètes, c'est aussi une façon de vivre en fonction de comment on se sent à cette période de notre vie.

Les attentes

L'ego peut également se mettre en action si, par exemple, vous avez réussi quelque chose dont vous êtes bien fier et qu'au moment où vous l'annoncez à des proches, la réaction est presque absente. Il se peut que de la tristesse, de la déception montent. Regardez alors ce qui est là. Ils ont le droit de réagir comme ça. Peut-être qu'ils sont préoccupés par autre chose et que la concentration n'y est pas pour recevoir cette information.

Ça n'enlève rien à votre fierté. Oui, c'est plaisant de s'exprimer et merveilleux de le faire ; c'est une douceur de la vie que de partager ses joies et ses peines. D'où l'importance de se donner un fonctionnement interne flexible. On est moins déçu si de telles choses arrivent. On regarde ça et on peut se dire avec le sourire : « Ah bon ! Protéger son énergie, c'est tout ça. »

Reprendre ou se taire

Je vous raconte ici une anecdote bien banale de la vie courante. Il nous arrive à tous, lorsqu'on discute avec quelqu'un, de nous tromper de mot dans une phrase, sans que ça change le sens du propos, on comprend tout quand même. Avez-vous remarqué que, dans la plupart des cas, la personne nous reprend en disant le mot correctement? Je vous invite à rester silencieux lorsque cela vous arrivera de le remarquer chez votre interlocuteur. On se sent tellement bien en dedans, ça donne de la force à notre cheminement. Oui, la tentation est là de reprendre la personne, mais jouez le jeu et c'est merveilleux comme sensation de maîtrise de soi dans une optique de cheminement heureux.

L'ego collectif

Bien des gens font partie d'un groupe et sentent qu'ils contribuent à une cause. C'est merveilleux. Mais juste dans le but de démystifier l'ego sous le plus d'angles possible, on remarquera que même si la personne a le sentiment de diluer ainsi son ego, il y a un autre phénomène qui se passe parfois dans des groupes, que ce soit en politique, dans le sport, dans une entreprise, dans une nation, dans une foule. Il y a un ego collectif, en ce sens que c'est le groupe qui revendique, qui s'oppose, qui entre en rapport de force. On le voit avec des foules en délire qui engendrent du vandalisme, notamment. Le groupe cherche à définir ses frontières, son identité.

Oui, il y a des revendications nécessaires pour faire avancer le monde, car les changements sociaux ne se font pas d'eux-mêmes, je suis bien d'accord, comme il y a des gestes qui doivent être réprimandés si on pense aux crimes de toutes sortes. On ne peut pas laisser aller les choses innocemment. Tout est question de discernement. Mais quand on a affaire à des rapports qui créent des affrontements violents, les personnalités sont en cause. L'évolution des peuples et l'évolution individuelle passent par bien des péripéties. Le jour où l'avancement se fera dans une communication plus saine, on saura que les consciences agissent à un niveau différent.

L'ego n'est pas un monstre

On n'a aucunement à en vouloir à l'ego, comme si c'était un monstre ou un personnage redoutable. C'est plutôt un manque de ressources ou une absence de connexion à son être profond qui lui laisse tant de place. Il est en fait un grand enseignant et il peut nous mener vers des libérations extraordinaires lorsqu'on s'en sert comme un outil d'évolution et pour apprendre à lâcher prise.

L'ego cherche le bonheur à sa façon, mais pas par le bon chemin. Il emprunte celui de la souffrance et des illusions, tandis que notre essence profonde, la voie de notre intuition, de notre cœur, est porteuse de vie profondément heureuse. On ne dépend plus de l'extérieur et de l'opinion des autres pour faire sa place, on s'autosuffit d'abord de l'intérieur. Que faisons-nous sur terre? Sommes-nous ici pour vivre la dualité? Sommes-nous ici pour faire la plus grande rencontre qui soit, c'est-à-dire soi-même? Évoluer, s'épanouir, vibrer à l'harmonie de l'Univers, de la divinité en nous. Détaché de cet aspect, l'humain navigue en eaux incertaines, il est coupé d'un important générateur d'avancement, et cela n'a rien à voir avec les religions. Au contraire, bien des divisions et des guerres de points de vue viennent des religions.

D'une certaine façon, l'ego a juste besoin d'être éduqué. Il donne un sentiment d'estime de soi qui est fondamentalement artificiel. Il s'autoévalue par rapport aux succès dont il est le centre, aux compliments et aux critiques des gens. Sont-elles positives ou négatives, peu importe, ça le situe. Un ego fort donne l'impression d'un sentiment de bien-être face à soi et aux autres, mais c'est le reflet d'une solide carapace. L'intuition des autres risque de percevoir le problème bien avant soi.

Jusqu'à un certain point, remercions les manifestations de l'ego quand nous recevons des remarques qui pourraient aider notre propre ego à se ranger, car on gagne du temps sur le chemin de la libération de ces masques. Est-ce que la vraie fierté est basée sur une image ou sur ce qui se vit sincèrement en son cœur dans un sentiment de douceur, de paix, d'amour, de sécurité, d'humilité?

Sinon, l'ego devient comme une drogue et chaque situation qui le nourrit lui fait ressentir un quelconque effet «trippant». Devenue dépendante de son ego, une personne fait tout pour s'attirer des compliments, elle joue un rôle pour se faire aimer, admirer. On ne se mentira pas, on se reconnaît tous à différents degrés dans ces comportements, sauf qu'il y a des gens plus affectés que d'autres, on le sait. Chacun son rythme.

Vive le sentiment d'unité

En fait, l'ego est positif quand on le voit agir. Devenir conscient de notre unité avec la Source, ce grand Tout qu'est l'Univers, nous aide à sortir de cet égocentrisme qui porte à se prendre pour le nombril du monde. Ce sentiment d'unité nous fait ressentir la vraie force en dedans, celle qui aide à évoluer par le bonheur et non par la souffrance. Si je n'avais pas touché cette dimension un jour, je ne serais peut-être plus ici. Elle est devenue, pour moi, un indicateur de mon chemin de vie, la sensibilité qui me guide grandement. J'ai alors compris ma mission de vie à travers tout ça et je la réalise à fond et avec passion en vous en faisant part dans mes écrits, mes conférences et au jour le jour avec tout un chacun.

Oui, comme tout le monde, il m'arrive de me tromper de chemin, sauf que je m'en souviens beaucoup plus pour une prochaine fois afin d'éviter de reprendre ce même chemin qui mène à un cul-de-sac, soit nos *patterns*. La conscience de ce monde subtil en soi guérit notre passé, notre présent et notre futur progressivement. On doit aimer nos beaux côtés, bien entendu, mais aussi nos facettes plus sombres, car elles en ont encore plus besoin. Inutile de se culpabiliser pour quoi que ce soit, juste être responsable de sa vie, de son bonheur, de ses actions et de ses réactions.

Le bonheur pour tous

Vous avez sûrement remarqué que le bonheur n'a pas de préférence pour une classe sociale, une communauté, etc., en particulier. Non, il est accessible à tous. On peut le voir chez des gens peu fortunés, mais qui vivent le moment présent en appréciant ce qu'ils ont. Il peut aussi fuir cette catégorie de gens s'ils sont dans le rôle de victime et se plaignent à qui mieux mieux.

Si on prend un groupe où on trouve des jeunes ou des gens âgés, employés, sans emploi ou à la retraite par exemple, on y retrouvera des gens heureux et des gens malheureux. Ce bonheur tant souhaité risque d'être timide chez des gens vivant dans le luxe, ou bien y être très présent pour les mêmes raisons que j'ai données plus haut. Il sera là où les gens auront de la gratitude, du calme, de l'amour, de l'empathie, de l'ouverture du cœur. Il n'a aucun parti pris pour les conditions de vie.

Décider de prendre son bonheur en main est un choix de tous les jours et ne dépend en rien des conditions extérieures. Vous pourriez vous amuser à vous demander de temps en temps: «Quelle voix est en train de me parler en dedans, la voix de l'ego ou celle du cœur et de l'intuition?» On a besoin de notre personnalité pour fonctionner en société, alors à nous de nous la faire belle dans le vrai sens du terme, ce qui rejaillira en sourires et en rayonnements qui vaudront mieux que bien des mots ou agissements.

Je fais ici une petite parenthèse. On parle beaucoup de prendre son bonheur en main et je reviens encore avec l'importance de se faire aider, au besoin. Une personne aura beau lire tous les livres de développement personnel disponibles, si elle est en détresse psychologique, ça prend souvent un coup de pouce personnalisé.

Les émotions et la souffrance

L'ego amène à vivre de la souffrance, comme il a été dit précédemment. Mais quelle différence pouvons-nous faire entre la douleur émotionnelle et la souffrance ? Quand on souffre, c'est une situation qui est souvent devenue permanente en nous, que ce soit le souvenir d'une agression sexuelle, d'un épisode de violence verbale ou physique, etc. La douleur émotionnelle est de nature plus temporaire, même si aussi difficile. Si on perd un parent par exemple, ça fait mal, on ressent la douleur. Si une personne est dans l'ego, la douleur et la souffrance seront toutes deux amplifiées. Ce sera un cri d'injustice prolongé à savoir pourquoi la vie lui fait ça à elle, et les émotions s'emballeront. C'est humain et on peut comprendre ça, mais on perpétue la situation en l'amplifiant par le mental à ce moment-là.

Puisque nos pensées sont spécialistes pour créer des émotions, on comprend dans quel cercle vicieux il peut être facile de tomber lorsqu'on perd quelqu'un. Si une telle situation survient, on peut avoir besoin de pleurer la personne un certain temps, de faire son deuil, mais est-ce utile des années plus tard de s'empêcher de vivre parce qu'elle n'est plus là, comme si une partie de soi était partie en même temps ? Cette personne décédée souhaiterait sûrement que la vie soit plus douce pour ceux qui restent. Donc, nos émotions nous disent qui a le contrôle en dedans, notre ego ou nous, en tant qu'âme ou être à part entière. Plus on s'occupe de soi au lieu de jouer avec son téléphone portable, de regarder la télé pendant des heures, de s'absorber dans le paraître artificiel, plus le bonheur, l'être en soi a des chances de grandir.

Imaginez que vous engagez un chauffeur privé pour aller à un tel endroit, mais qu'une fois en route il déciderait lui-même d'une destination, comment réagiriez-vous ? C'est un peu ce que l'ego fait, il aime décider. L'ego a aussi toujours une opinion sur ce qui se produit. Il nous fera dire des choses du genre : « S'ils avaient fait ça comme ça, je le savais, ça ne serait pas arrivé, c'est injuste, si ça avait été moi, j'aurais fait mieux, etc.» Vous voyez le genre, on reconnaît tout ça aussi. Mieux vaut en rire.

L'ego et la manipulation

Voici quelques exemples de caractéristiques en lien avec une personnalité qui a de la facilité à manipuler les autres. Je trouve ça particulier d'aborder ce sujet, car il me semble que c'est un peu comme montrer quelqu'un du doigt, mais le but est totalement et uniquement de mettre en lumière certains travers qui font mal et qui sont désagréables à subir quand ils se manifestent. Ça peut se faire à petite ou à grande échelle et je crois que presque personne n'y échappe durant sa vie, que ce soit de l'avoir vécu ou de l'avoir fait vivre.

Sauf que, dans certains cas, il y a des gens qui sont ainsi dans leur mode de vie, comme un *pattern* qui se répète quasiment à leur insu; on apprend à les reconnaître de plus en plus facilement quand on vit dans la conscience et on se reconnaît plus facilement si ça nous arrive de le faire.

Le pouvoir

C'est un rapport de force, car la personne ne sait pas trop comment entrer en relation harmonieuse avec les autres. Le fait d'exercer un pouvoir sur l'autre la rassure et lui donne l'impression de maîtriser la situation, mais ce n'est qu'une impression.

Le charme

Cette personne se montrera séductrice, charmante, elle parlera bien, utilisera son charisme apparent pour développer une panoplie de compliments afin d'obtenir quelque chose, ce qu'elle veut. Elle se montrera gentille, mais ce ne sera pas toujours une vraie qualité, ce sera plutôt un rôle joué pour arriver à ses fins et parfois longtemps avant que les autres s'en aperçoivent. Cette personne pourra promettre de belles choses, vous faire miroiter de beaux projets, mais son but vise ses intérêts personnels.

Je prends l'exemple d'une personne qui souhaiterait avoir accès à vos meilleurs contacts professionnels. Ce n'est pas réellement votre amitié qui est souhaitée, mais les fruits de votre travail ; c'est une forme de parasitage, même si le terme semble un peu cru. Heureusement, comme tout le monde, cette personne a aussi de beaux côtés dans sa personnalité et dans son cœur.

La domination

Une personne qui tend à manipuler aime se sentir forte, au risque d'humilier, de dévaloriser autrui dans le but de satisfaire ses besoins, ses intérêts. La personne croit dominer les autres, mais sans le savoir, elle est elle-même dominée par ses propres problèmes, par son manque de connexion à son cœur ou à son être profond où amour, calme et harmonie jaillissent à profusion. Le narcissisme ne mène à rien, si ce n'est qu'à éloigner les gens. La personne fonctionne bien quand même, mais à quel prix tôt ou tard ?

Ce type de comportement donne à penser que la personne domine pour compenser des faiblesses intérieures. Quand je vois ce genre d'individu, j'aurais tellement le goût de m'asseoir tout doucement avec lui et lui dire : « Parle-moi de toi », pour que son cœur s'ouvre et que ce qui le rend si prisonnier s'évapore, faisant place à un sentiment de paix et de réel pouvoir. Mais on ne force rien, car parfois c'est le contraire qui peut se produire, si la personne se prend pour un dieu.

La culpabilisation

Se concentrer sur les petits défauts des gens, leur faire des reproches, susciter des remords, frapper là où ça fait mal, à quoi ça sert ? Jouer sur les peurs de l'autre, sur des promesses non tenues crée de la souffrance chez lui. Oui, on peut dire que la loi d'attraction leur attire ceci ou cela, c'est une façon de voir. Si un état de conscience idéal émerge en lien avec une telle situation, c'est bien, mais en attendant que tout le monde accède à ce changement de regard sur la vie, sur sa vie, il y a des gens qui ont mal et qui rêvent de s'en sortir.

Si, en plus, il y a médisance de la part d'une personne malheureuse au fond d'elle, bien qu'elle le camoufle par une image faussée, ne sachant pas comment mieux faire pour l'instant, il y a du mal qui est fait. Refuser d'admettre ses torts, les faire porter par les autres, être flou dans ses propos, créer de la confusion chez l'autre par manque de transparence sont autant de facteurs déterminants qui entachent la communication et qui peuvent permettre à la personne de lancer des accusations si les choses ne vont pas comme elle le souhaite. Elle joue à l'anguille, comme on dit. Je le répète, au fin fond d'elle-même, cette personne porte fort probablement de vieilles blessures qui sont camouflées par ses mécanismes de défense possiblement très inconscients. Souvenez-vous qu'une des caractéristiques qui décrit bien l'ego, c'est « le monde selon soi-même ».

Cette personne n'aime pas se remettre en question, car elle se sentirait trop fragilisée. Elle est portée à mentir s'il le faut. Ça ne veut pas dire que les gens qui sont charmants et qui parlent bien sont tous des manipulateurs, il faut garder son bon sens.

Ces gens nous permettent d'activer nos détecteurs internes. On doit les garder actifs pour soi-même pour les moments où on serait tenté de tomber dans ce piège soi-même – on est tous humains. Plus on donne de l'emprise à ces gens, plus on nourrit leur corps de souffrance et le nôtre.

Douceur pour le cœur

La fleur de l'honnêteté

On raconte que vers l'an 250 av. J.-C., dans la Chine ancestrale, un prince de la région nord du pays à la veille d'être couronné empereur devait, conformément à la loi, se marier. Sachant cela, il décide de mettre «à l'épreuve» les donzelles de la cour ou toute personne qui se trouve digne de cette proposition. Le lendemain, le prince annonce qu'il va recevoir dans une célébration spéciale toutes les prétendantes et leur lancer un défi.

Une vieille dame, servante du palais depuis de nombreuses années, à l'écoute des commentaires sur les préparatifs, ressent une légère tristesse, car elle sait que sa jeune fille nourrit un sentiment de profond amour pour le prince.

À son arrivée à la maison, et après avoir raconté la nouvelle à sa jeune fille, elle est stupéfaite d'apprendre que celle-ci veut aller à la cérémonie et lui demande, incrédule: «Ma fille, que feras-tu là-bas? Il s'agit de toutes les plus belles et plus riches filles de la cour. Ôte-toi de la tête cette idée stupide. Je sais que tu souffres beaucoup, mais que la souffrance ne devient pas folie.»

Et la jeune fille répond: «Non, chère mère, je ne suis pas souffrante et encore moins démente. Je sais que je ne serai peut-être pas choisie, mais j'aurai la chance d'être au moins quelques instants près du prince, ce qui me rend déjà très heureuse.»

Le soir de la cérémonie, au palais, il y avait donc toutes les belles et riches filles, parées de fines étoffes de soie, des plus beaux bijoux et des intentions les plus déterminées. Puis, enfin, le prince annonça le défi:

« Je vais donner une graine à chacune de vous. Celle d'entre vous qui, dans un délai de six mois, m'apportera la plus belle fleur sera alors choisie mon épouse et future impératrice de Chine. »

La proposition du prince n'a pas failli à la profondeur des traditions du peuple, qui valorise beaucoup le « savoir cultiver » quelque chose, que ce soit les traditions, l'amitié, etc.

Le temps passe et la douce jeune fille, qui n'a pas beaucoup d'aptitudes dans l'art du jardinage, s'occupe avec grande patience et tendresse de son semis. Elle sait que si la beauté de la fleur se présente avec la même profondeur que son amour, elle n'a pas besoin de s'inquiéter du résultat.

Trois mois ont passé et la graine n'a toujours pas germé. La jeune fille a tout essayé, en utilisant toutes les méthodes qu'elle connaissait, mais rien n'a poussé. Jour après jour, elle voit son rêve un peu plus lointain, mais son amour est de plus en plus profond.

Enfin, les six mois se sont écoulés et rien n'a poussé. Consciente de ses efforts et de son dévouement, la jeune fille annonce à sa mère que, indépendamment des circonstances, elle retournerait au palais, puisqu'elle n'aspire à rien d'autre que quelques minutes de plus en compagnie du prince.

Et le moment venu, elle est là, son pot vide, parmi toutes les autres prétendantes, chacune avec des fleurs, toutes plus belles les unes que les autres, de formes et de couleurs variées. Elle est contemplative, jamais elle n'a vu de si belle scène.

Arrive le moment tant attendu, et le prince considère chacune des prétendantes avec beaucoup de soin et d'attention. Après être passé devant toutes, une par une, il annonce le résultat et montre sa belle et future épouse.

Les convives sont offusquées du choix du prince. Personne ne comprend pourquoi il a choisi celle qui n'avait rien « cultivé ». Alors, le prince explique calmement :

« Celle-ci a été la seule à "cultiver" la fleur qui la rend digne de devenir impératrice. La fleur de l'honnêteté, parce que toutes les graines qui ont été distribuées étaient stériles. »

L'honnêteté est comme une fleur faite de fils de lumière, qui illumine quiconque la cultive et répand autour la lumière.

Sourire, ça fait du bien !

Mot d'enfant

Le professeur donne un cours sur les hommes des cavernes.

« Vous savez que les premières lettres ont été écrites sur des roches ?

— Ouf ! dit le petit Michel à son copain. Les facteurs devaient être fatigués à la fin de leur journée ! »

CHAPITRE 17

Faire de l'ordre en soi

Abolir les jérémiades, un exercice puissant

Qui n'a pas utilisé les jérémiades dans sa vie? Eh oui, être humain, c'est aussi agir ainsi de temps à autre. Je vous suggère ici un exercice pour vous aider à prendre conscience des moments où vous pourriez vous retrouver dans cette énergie. Je vous lance le défi de rester une demi-journée sans vous plaindre, sans porter de jugement sur autrui ou sur les événements, ou encore sans sombrer dans des excuses et des explications pour faire valoir à tout prix un point de vue.

Vous pourriez vous mettre des petits papiers à la vue pour vous y faire penser. Vous élargir le défi à une journée, à une semaine, à un mois. Il est bon d'éviter de se conter des histoires, il est fort possible que ce défi soit quasi impossible à réaliser à court et à long termes. C'est là qu'on se rend compte qu'on veut changer, s'améliorer, mais qu'on doit rester tout de même indulgent envers soi, car personne n'est parfait, même si on voulait exiger la perfection chez les autres bien souvent. Nous réalisons que nous nous plaignons beaucoup plus que nous le pensons, que nous utilisons des excuses bien souvent pour sauver la face, que nous nous perdons dans des discours parfois bien futiles. Blâmer les circonstances, les gens, les choses, que c'est fréquent dans ce beau monde !

Même si on n'arrive pas à réussir entièrement cet exercice, ce qui serait un défi plutôt utopique, on en convient, on réalise au moins qu'on peut grandement réduire la quantité de plaintes et autres attitudes de ce genre en étant beaucoup plus dans le moment présent et dans la conscience de ce qui se passe.

Il y a un cadeau indirect à ça. En vivant bien plus consciemment, on élimine beaucoup de sensations négatives et de gestes inutiles, parfois même nuisibles pour soi et les autres, et on devient beaucoup plus agréable envers soi et les autres.

Je remercie Alain Mercier (alainmercier.blogspot.com), mon formateur pendant des années, qui est demeuré un grand ami et mon thérapeute dans les situations où j'avais besoin d'un petit coup de pouce ; c'est lui qui m'a montré cet exercice.

Le tumulte intérieur

Comme je le disais précédemment, faire le calme à l'intérieur est salutaire. Si on se trouve submergé d'émotions, d'agitation, il nous sera bien plus difficile d'en arriver à se centrer, à faire le point. S'il y a trop de bruit mentalement, on ne peut pas bien entendre ce qui se passe réellement en dedans, ce que notre corps essaie de nous dire par certains petits malaises, par la sensation émanant de nos émotions, etc. Étant donné que le corps réagit aux pensées comme si elles étaient des réalités, pas surprenant que nous soyons souvent soumis à bien des réactions.

Faire de l'ordre en soi avec différents outils relatifs au mieux-être, c'est un peu comme si on entrait dans un garage sens dessus dessous et qu'on essayait d'y trouver un outil spécifique. Ça pourrait être long. Même chose en dedans de nous, si on accumule toujours plus de souffrances, d'ego, d'anxiété, de perceptions erronées, etc., on crée une certaine forme de désordre et on a peine à s'y retrouver parfois. Faire des pauses santé, ce n'est pas quinze minutes au travail avec un café, c'est prendre du recul quelques jours, seul avec soi-même, faire le vide pour entendre ce qui se passe en dedans, le faire avec amour et compassion, pleurer si nécessaire, ou rire parfois juste pour le plaisir de se faire du bien. C'est un entretien régulier à donner à notre être intérieur et à notre véhicule terrestre.

L'acceptation

Accepter, ce n'est pas se résigner et faire l'autruche. C'est plutôt, encore une fois, devenir conscient des difficultés et savoir que nous pouvons y répondre sereinement, intuitivement ou avec agressivité sans trop réfléchir. Il est certain que, dans les pires tragédies de la vie, c'est plus facile à dire qu'à faire, mais avons-nous le choix ? On accepte, on s'exprime, on pleure un temps ou on dépérit en restant accroché à l'émotion, victime et demeurant alors hors de son pouvoir personnel qui est basé sur ses capacités innées à se relever.

Si, en présence d'une personne, vous sentez monter une certaine colère en dedans, est-elle vraiment la responsable ? Toute une question, n'est-ce pas ? Y aurait-il déjà un nid de colère quelque part de caché en vous et latent, car sinon vous ne seriez probablement même pas capable de réagir à ces propos, vous resteriez plutôt zen et observateur, vous exprimeriez votre point de vue avec aplomb et détachement tout en comprenant la personne, mais en ne nourrissant pas son corps de souffrance.

C'est un peu comme si vous tentiez de mettre du feu dans un bol d'eau. Il sera éteint, mais mettez le feu à du papier et il s'enflammera. Ne fournissons pas de papier à ce feu à ce moment-là. La colère est le papier, la paix est l'eau. Au lieu de dire : « Cette personne me met en colère », il pourrait être possible de dire : « Je me mets en colère avec cette personne» ou «Je suis stressé en sa présence». Ça ramène les perceptions à la bonne place.

Ça ne veut pas dire qu'on excuse un comportement désobligeant, mais ne nous abaissons pas à ce niveau, sinon on en devient complice. La personne ne fait que peser sur un bouton qui est déjà en nous. Ayons plutôt de la gratitude pour l'enseignement et la prise de conscience que ça nous fait faire. Pas toujours facile, on le sait, donnons-nous le droit de riposter, d'exprimer nos points de vue tout en nous faisant respecter, mais donnons-nous aussi la chance de nous assouplir et de mieux nous comprendre pour mieux comprendre les autres, nos réactions et la vie. C'est humain de réagir aux propos des autres. On n'a qu'à s'imaginer que quelqu'un nous fait remarquer un de nos traits de caractère, la plupart du temps on tente de se justifier. On n'est souvent pas enclin à l'entendre.

On remarquera parfois des traits d'ego évidents chez quelqu'un, et si on est familier avec lui, on peut lui en glisser mot, mais il est bien possible qu'il dise que vous n'avez pas raison au lieu de considérer votre point de vue avec accueil et de le laisser faire son chemin en dedans. Dites simplement: «D'accord, tu vois ça comme ça, pour l'instant je ne peux voir de quoi tu parles, mais qui sait, avec le temps, je verrai peut-être ce que tu voulais dire.»

La beauté des choses, c'est lorsque nous avons des émotions positives, qu'on est en cheminement conscient face à soi-même et hors des «c'ta'cose» (c'est à cause des autres, de la situation, etc.), on se sent mieux, la vie est plus légère. Tout est expérience.

Les jeux de rôle

Imaginez comment vous vous ajusteriez si vous aviez à communiquer à l'instant soit avec un médecin, un avocat, un artiste, votre grand-mère, votre enfant, le premier ministre, un concierge, un policier, un garagiste, un vieillard, etc. Combien de rôles peuvent être joués? Et ce n'est pas négatif, en ce sens que peu importe nos métiers ou nos autres interventions, nous portons des costumes, des masques, nous jouons des rôles qui ne proviennent pas initialement de notre cœur, de notre centre intérieur, et c'est bien normal, nous avons une vie physique, nous vivons en société et tout ça en fait partie.

Mais là où je veux en venir, c'est qu'en tant que personnes nous-mêmes, est-ce que nous adoptons sans trop nous en rendre compte un rôle devant chacun de ces types de personnes ? Il y a de fortes possibilités que oui. Mais pourquoi ? Certains diront que c'est une question de respect, ou qu'ils sont timides, qu'ils ne parlent pas leur langage, et on pourrait accumuler les raisons indéfiniment. Si on s'adresse à la personne, mais en lui parlant pour ce qu'elle est au fond d'elle-même sans son rôle spécifique, on est tous sur la même longueur d'onde. Je me souviendrai toujours d'un groupe de juges devant qui je faisais une conférence.

J'ai vu des larmes couler dans cette salle et reçu des témoignages allant droit au cœur. Ce sont des gens qui peuvent avoir des tâches assez complexes, exigeantes, et qui ont des activités sociales connexes bien souvent. Pour certains d'entre eux, la santé avait déjà donné des signes de fatigue, le couple aussi, etc. Peu importe le métier, il y a un cœur tendre en arrière, et c'est là la voie pour moi. J'admets qu'on n'est pas compatible avec tout le monde, c'est bien évident, car bien des facteurs entrent en jeu, mais le point de vue qui ressort de ces partages aide à mieux faire sa place et à s'adapter.

Que je fasse une conférence devant des médecins, des avocats ou des journaliers, ça peut en effet modifier le contenu en fonction des demandes et des besoins du client, mais l'approche est avec le cœur, dans tous les cas. Je m'adresse au cœur de ces gens et le costume professionnel ne viendra aucunement créer de l'intimidation. Je connais des personnes de professions diverses et il y en a beaucoup qui sont très ouverts et en accord avec cette vision de la vie. D'autres le sont moins, c'est ainsi partout.

On s'en donne des protocoles, des images. Oui, il y a l'aspect culturel des différents coins du monde, des différences religieuses, des allégeances politiques variées, mais imaginez un monde avec la pureté des cœurs comme mode de communication premier. Toutes ces structures, organisations ou rôles deviendraient secondaires... mais je me permets de rêver un peu. Encore là, commençons par faire de l'ordre en nous et jouons notre rôle fondamental d'être spirituel vivant une expérience physique dans un corps humain. Le monde, notre monde, pourra se transformer encore plus.

Où qu'on soit, on est avec soi

Combien de fois avons-nous pensé régler des choses en les fuyant? C'est humain, bien sûr. On est fréquemment porté à croire que si on va magasiner, si on change d'emploi, de conjoint, de ville, d'auto, on sera plus heureux. Oui, ça fait partie de la vie, mais si on vit de l'amertume en dedans de soi, ce n'est pas une voiture neuve qui va nous en libérer.

Ces choses sont bien plus agréables quand on se sent bien à la base, sinon elles masquent temporairement un mal-être qui va ressurgir sous une autre facette. Rien ne sert d'être ailleurs si on n'est pas avec soi ! Si nos traits de personnalité ou bien ce qu'on a accumulé d'inconfort en dedans demeurent, si on est impulsif tant dans nos achats que dans nos réactions de colère ou dans l'expression de nos émotions diverses, eh bien partout où nous irons, ce sera présent encore et encore.

Si vous êtes une personne enjouée, heureuse, bien ancrée en vous-même avec calme, sérénité, douceur et fermeté à la fois par la solidité de ses acquis et par la conscience de ses schémas intérieurs, tout sera merveilleux partout où vous irez. Si vous changez d'emploi ou de partenaire en en ayant retiré les apprentissages et en disant merci pour ce que vous avez appris, que ce soit heureux ou malheureux, ce sera un monde de belles choses qui s'ouvrira. Ça peut susciter des émotions, c'est bien normal, mais le tournant se fait plus harmonieusement. Réalisez-vous aussi que notre vie se conduit de l'intérieur tout comme une voiture, et non pas de l'extérieur ?

Savourer nos avancements actuels, s'autoresponsabiliser avant de penser aller voir si l'herbe est plus verte dans le jardin d'à côté. Ça ne veut aucunement dire de ne pas faire de changement, car si vous avez changé et que l'extérieur, c'est-à-dire l'entourage, ne suit plus et ne veut plus suivre, eh bien des choix peuvent devenir nécessaires, c'est à prévoir. S'autoévaluer humblement est générateur de paix et fait grandir ces bons sentiments en soi, un avantage extraordinaire, car on les emmène partout avec nous, où que nous soyons et avec qui que ce soit. On reste fort et équilibré, et si ça va moins bien, on revient plus vite à l'équilibre. Un jour à la fois, on évite ainsi de se mettre de la pression avec ça.

En fait, plus on apprend à se satisfaire des choses simples, sans toujours vouloir avoir davantage pour compenser et donner de l'attention à l'ego, plus vite on change. Notre perception de soi, de la vie, est bien différente. Bien des dépendances se créent au fil du temps par des sentiments de manque et on croit pouvoir les combler par des choses extérieures, par exemple la nourriture, car le fait d'avoir le ventre plein nous amène à mieux nous sentir, à nous sentir vivre encore plus. Dans le cas de la boulimie, pour l'avoir vécue, ne serait-ce pas l'âme qui a faim plus que le corps ? Que oui, selon mes souvenirs ! J'avais tellement mal avant d'en arriver là, je m'étais coupée de moi et je me sentais un peu plus quand mon ventre était plein, mais la culpabilité arrivait sans tarder.

Le sport allié au bonheur

Oui, les activités sportives, c'est merveilleux, ça garde en santé, ça défoule, ça libère l'esprit, mais combien de fois entend-on dire que telle personne faisait son jogging tous les jours, mangeait bien, gardait du temps pour elle et que, malgré tout, elle est décédée subitement.

Mon but n'est aucunement d'évaluer l'aspect médical ici, ce n'est pas ma spécialité, mais ce qui retient mon attention, c'est que j'ai pu observer que certaines de ces personnes vivaient des émotions fortes et difficiles dans leur vie personnelle, et que ce n'est pas le sport qui pouvait en effacer la douleur profonde, mais un bon coup de pouce psychologique aurait pu les aider.

Donc, avec un manque affectif de longue date, relevant peut-être même de l'enfance, ou une insécurité quelconque, on cherche sans jamais être totalement satisfait. La société de consommation actuelle se nourrit de ce genre de situations inconscientes. Un peu comme si l'incitation des publicités à la consommation faisait ressentir aux gens que s'ils veulent être satisfaits, ça leur prend tel ou tel gadget, etc.

Les choses extérieures ne peuvent nous donner un sentiment que nous n'aurions pas réellement en notre cœur. La richesse du cœur est des plus précieuses, sans oublier la santé, la famille, etc. Peu importe les circonstances matérielles, si on les perdait, personne ne pourrait nous enlever nos acquis intérieurs. Oui, le matériel est important pour le confort de base, mais à quel prix? Faire de l'ordre en soi, c'est un peu tout ça.

Douceur pour le cœur

Le phare

Quand le phare projette sa lumière, il ne mesure pas l'intensité de l'orage, ni ne le juge. Avant de faire briller sa lumière, il ne se dit pas à lui-même: «Je dois comprendre où va ma lumière et pourquoi.» Tout ce qu'il sait, c'est qu'il a été construit pour résister au vent puissant et aux vagues qui se brisent sans fin sur sa structure. De plus, il n'a pas peur. Il ne sait pas quand l'orage finira, et quel sera son degré d'intensité. Il ne sait pas pour quelle raison cet orage a été créé. Tout ce que le phare sait ou connaît, c'est qu'il est en sécurité et qu'il doit faire briller sa lumière dans l'obscurité, afin d'aider les autres à trouver la sécurité du port. Il ne cherche pas à comprendre de quelle façon il est devenu une lumière, mais il sait ce qu'il est et ce qu'il doit faire. Il sait également que la lumière qu'il diffuse est attendue par ceux qui sont dans l'obscurité et qui la recherchent.

Nous, êtres humains, sommes pareils à un phare : il nous suffit d'ouvrir pleinement notre cœur pour que rayonne notre lumière intérieure, transformant instantanément l'obscurité alentour en une douce et intense lumière d'amour.

Auteur inconnu

Sourire, ça fait du bien !

Grand-papa joue au tennis. Il a donc toujours une boîte remplie de balles qu'il garde pour ses petits-enfants.

En visite chez grand-papa, Jean-Philippe, 3 ans, trouve la boîte de balles, en prend une et la lance à grand-papa pour qu'il la lui renvoie. Il rate sa cible, se reprend et la rate encore une fois. « Ce n'est pas une bonne balle, dit-il alors, je vais en choisir une autre[8] ! »

8. Robert M., http://legrenierdebibiane.com/Humour/rire12.html.

18

CHAPITRE

Victime ou responsable ?

La négation de soi, victime ou pas ?

Est-ce possible de dire oui à la vie, à tout ce qui est ? Je vous invite à faire un petit exercice de temps en temps : passez une journée à dire oui ici et là à tout ce qui est, que ce soit joyeux ou non. À absolument tout. Pas dans le sens de se réjouir et d'être superficiel, mais dans le sens de « pour l'instant, c'est comme ça et j'observe ce qui en est ». Vous développez ainsi une grande puissance intérieure par le lâcher-prise, alliée à un regard plus objectif des choses.

Mais si on se perçoit dans un rôle de victime, de négation face à soi et indirectement face à la vie, on ralentit le rythme de nos aptitudes à s'alléger, on se replie sur soi et sur ce qui est connu, on stagne ou on recule. Dans le oui, la conscience s'élargit, l'énergie peut prendre de l'expansion. Entendons-nous : dire oui relève tout de même du gros bon sens.

Si quelqu'un essaie de vous voler en pleine rue, ça ne veut aucunement dire que vous devez bêtement dire : « Oui, allez-y, ne vous gênez pas. » Mais une fois que le voleur a pris la fuite par exemple, on peut dire oui en ce sens qu'on se demande quelle est la leçon de vie dans tout ça. On peut la voir sous bien des angles : est-ce que ça vient démontrer votre capacité de vous affirmer, de rester calme, de rebondir avec lucidité, mais dans la notion du moment présent ? Est-ce un élément déclencheur qui aura stimulé une peur déjà présente et qui amènera enfin à aller consulter ? Vous voyez comment tout ça peut s'exprimer. Dire oui n'excuse aucunement les gestes déplacés, mais au moins on se sent dans notre vrai pouvoir du cœur en toute conscience. C'est un oui à soi d'abord, le plus beau qui soit.

Pauvre petite victime...

Il n'est aucunement question de rire de qui que ce soit avec ce titre, mais de soulever le *pattern* qui s'y cache. Voici quelques points de repère pour reconnaître l'aspect victime dans le langage. On sait tout d'abord que les mécanismes de victimisation, que nous avons tous vécus un jour ou l'autre et pour lesquels c'est sûrement le cas encore de temps en temps, vont se traduire de bien des façons. On y reconnaît peut-être des plaintes, de la révolte prolongée, de la déprime par manque de motivation ou par des difficultés récurrentes, une inaptitude à rebondir, de l'apathie, de la passivité, du défaitisme, etc.

Une personne qui se pose en victime peut être peu portée à se remettre en question, à se centrer véritablement sur elle dans le bon sens du terme. Elle a tendance à rendre les autres responsables de ses états intérieurs, à se plaindre avec ferveur de ses petits bobos et même à en remettre un peu. Je ne dis pas de ne pas parler de soi et de ses bobos, au contraire, mais ce n'est pas la même chose que de le faire et le refaire à chaque personne rencontrée maintes et maintes fois.

La soi-disant victime voit plus facilement ce qui ne fonctionne pas que ce qui va bien. Mais le hic, c'est que cet état est bien souvent très inconscient. La personne fait du mieux qu'elle peut avec les ressources qu'elle a. Il n'y a rien de bien ou de pas bien dans l'attitude de victime, c'est ainsi, la personne est aussi en évolution, mais dans une voie qui ne convient pas à tous, bien entendu, et ce n'est pas important, c'est son chemin à elle. On comprend que ce n'est pas facile quand c'est quelqu'un qu'on est obligé de côtoyer parce que faisant partie de la famille, par exemple. D'où l'importance de se protéger avec les nouvelles attitudes acquises.

Donc, voici des petites phrases clés caractéristiques de la personne qui se pose en victime.

- Ceci me met dans tous mes états.
- Je n'y peux rien.
- Je n'ai jamais de temps pour moi.
- Pourquoi moi ?
- Si tu savais comme j'ai souffert (on n'y échappe pas dans nos propos de temps en temps et c'est vrai, alors c'est humain d'en parler de temps en temps, ce n'est pas la même chose que d'en faire un slogan répétitif).
- C'est à cause de toi.
- Je n'ai pas le temps de prendre soin de moi, que veux-tu.
- Les autres passent toujours en premier.
- C'est toujours les mêmes problèmes qui m'arrivent.
- C'est toujours à cause de moi.
- Si les autres m'aimaient aussi.
- Si mes parents avaient fait mieux.
- Si et si et encore si !

En fait, une personne responsable agit, une victime réagit. Je vous invite à réfléchir à ce qui vous est propre dans cette énumération, en toute humilité et même en riant, pourquoi pas ? C'est beau la vie, même avec nos petites particularités !

Je tiens ici à faire une précision concernant la notion de victime. Je parle de l'autoresponsabilisation de notre vie en général. Mais si on pense à un tremblement de terre, à une inondation, à une famine, c'est autre chose.

Voici une petite histoire qui en dit très long et qui me vient du petit livre de Pierre Pradervand intitulé *Plus jamais victime* que je cite en bibliographie. Ce passage, qui a pour titre « Toute leçon sera répétée jusqu'à ce qu'elle soit retenue », est de Portia Nelson.

Chapitre un :
Je descends la rue
Il y a un grand trou dans le trottoir
J'y tombe
Je suis perdu
Je me sens sans aide
Ce n'est pas ma faute
Cela me prend une éternité pour trouver le moyen de sortir du trou

Chapitre deux :
Je descends la même rue
Il y a un grand trou dans le trottoir
Je prétends que je ne le vois pas
J'y tombe une fois de plus
Je n'arrive pas à croire que je suis au même endroit
Mais ce n'est pas ma faute
Il me faut un long moment pour m'en sortir

Chapitre trois :
Je descends la même rue
Il y a un grand trou dans le trottoir
Je vois qu'il est là
J'y tombe encore
C'est devenu une habitude
Mais mes yeux se sont ouverts
Je sais où je suis
J'assume ma responsabilité
J'en sors immédiatement

Chapitre quatre:
Je descends la même rue
Il y a un grand trou dans le trottoir
Je le contourne

Chapitre cinq:
Je descends une autre rue.

Quelle belle métaphore! Je vous souhaite de descendre l'autre rue!

Déclaration de responsabilité face à la vie

Pour terminer ce chapitre, voici une petite déclaration de responsabilité qui présente le gros bon sens et qui m'est aussi inspirée de Portia Nelson. Ce passage a particulièrement retenu mon attention et j'ai le goût de le partager avec vous. Voici donc un résumé du contenu de cette déclaration de responsabilité:

> J'accepte complètement et sans aucune arrière-pensée que tout ce qui se produit dans ma vie, et ce qui arrive en ce moment dans mon existence, et tout ce qui peut se produire à l'avenir, me fournit des occasions précieuses pour apprendre et grandir. Personne d'autre n'est à blâmer pour la négativité et la douleur dont ma nature émotionnelle fait l'expérience.
>
> Je chercherai toujours à assumer entièrement ma responsabilité, tout en refusant la culpabilité. Plutôt que de chercher des excuses pour ce qui marche mal, je m'efforcerai de comprendre ce qui se passe, puis chercherai des moyens pour corriger la situation. J'assume la responsabilité entière de mes choix. J'affirme que nulle personne ou situation ne peut me faire sentir inférieur, rejeté, inadéquat sans mon consentement, et que j'ai le libre choix de donner ou de refuser ce consentement, tout en valorisant le bien dans mes pensées et gestes.
>
> Je suis conscient que je crée ma propre réalité par ma façon d'accueillir et d'interpréter les événements de la vie. Dans toutes les

circonstances, je choisirai les solutions plutôt que les excuses et les refuges. Je préférerai l'ouverture à la passivité. Je dis oui à la vie, OUI, OUI et encore OUI.

Bref, on pourrait dire que nous ne voyons pas les choses tout à fait comme elles sont, mais que nous les interprétons plutôt en fonction de ce que nous sommes.

Douceur pour le cœur

Le maître et son disciple

Un maître zen et son disciple se promènent au bord d'un lac. Des ordures ont été déposées sur la berge ; offusqué, le disciple le fait remarquer à son maître.

Celui-ci constate le fait et répond : « Oui, je vois cela, et c'est dommage. »

Et aussitôt, il lève les yeux et dit : « Mais je vois aussi la splendeur de la nature, j'entends le chant des oiseaux qui berce mon âme, je sens le vent qui caresse mon visage... »

Ne laissez pas votre champ de conscience se rétrécir à cause du négatif, n'oubliez pas de contempler le beau.

Auteur inconnu

Sourire, ça fait du bien!

Un journaliste s'approche d'un vieillard fripé qui, assis dans un parc public, taquine de la canne les jeune filles qui passent.

« Eh bien, mon bon monsieur, vous me semblez encore pas si mal pour votre âge! Quel est le secret de cette étonnante longévité?

— Eh bien, jeune homme, chaque matin, deux petits verres de porto avant un bon grand whisky. Après ça, beaucoup de plats en sauce, des desserts bien sucrés, deux paquets de cigarettes par jour, et surtout pas de sport, mais des conquêtes à répétition jusqu'à très tard le soir.

— Étonnant! Et quel âge avez-vous?

— Vingt-huit ans. »

CHAPITRE 19

La joie et le langage du cœur

On désire tous être aimés, aimer et vibrer à ce bonheur. Mais pour y arriver, si on a besoin de s'acharner à démontrer l'excellence de notre point de vue, de notre perception du monde, de notre rayonnement et la justesse de nos attitudes, on risque de s'y perdre et d'embrouiller notre route. Par contre, apprendre à devenir tendresse, à se donner un sourire émanant du cœur, à laisser passer la lumière de notre cœur à travers l'esprit nous rend bien plus souples et moins dans la réaction défensive.

Développer la flexibilité du caractère ne peut, à mon sens et selon ce que j'ai pu constater et apprendre, que favoriser la flexibilité du corps. Je prends un exemple : quand j'étais très timide, je n'avais pas envie de danser, de bouger, de m'extérioriser ; la flexibilité était entravée dans les deux sens. En m'ouvrant à autre chose, mon corps s'est remis en mouvement dans la joie, par l'exercice physique, la danse quand ça se présentait, etc. Laisser circuler la vie, ça commence en ouvrant les canaux du bonheur, de la joie, du rire au plus profond de soi pour que l'énergie circule plus librement dans le corps. Plusieurs de mes autres livres proposent bien des idées et moyens pour créer un niveau d'aisance émotionnelle et corporelle améliorée.

Est-ce possible de vous amuser à porter attention au nombre de fois que le chaleureux sourire de votre cœur se rend à votre visage dans une journée ? Je ne parle pas du sourire de politesse, mais de celui de la tendresse qui émane de soi, qui se destine aux autres et qui crée un sentiment d'apaisement.

Pour certains, la volonté de changer peut sembler un effort, une tension, quand en fait il s'agit plutôt d'un abandon conscient des résistances personnelles qui se fait dans la joie. Il ne s'agit pas seulement de décontracter les muscles du corps physique, mais de dénouer l'aspect psychique tout autant, car les deux sont en interaction comme je l'expliquais précédemment.

Pour ressentir ces changements dans le corps, il est essentiel d'éviter de se leurrer superficiellement par des mots, des théories, des connaissances et de bonnes intentions et les faire descendre dans la pratique, sinon c'est absurde. Se sentir vibrer à ces changements, c'est savourer les résultats de nos actions devant le chemin parcouru à ce jour. La sensation fait naître la joie, la quiétude et un sentiment de légèreté.

La joie dans les cellules

Je vous donne un petit truc en passant. Si vous avez une douleur ou une raideur musculaire quelque part dans votre corps, imaginez que vous y infiltrez de la joie, de la douceur et du réconfort. Les cellules le ressentiront. Vous pouvez le faire avec chaque partie de votre corps, c'est une forme de méditation ; il s'agit de faire sortir la tension vers le sol.

Le dialogue avec les cellules, avec notre corps, ce n'est pas utopique ; ça marche. Elles sont toutes interconnectées avec ce que nous sommes, tant sur les plans physique, émotionnel que spirituel, et c'est pourquoi le tout réagit à ce qui se passe entre nos deux oreilles. C'est mon opinion, basée sur l'expérience et des faits concrets observés chez d'autres personnes.

Donc, mettre de la joie à l'endroit où le corps se noue, que ce soit le dos, la nuque, le ventre, c'est puissant. Vous pourriez aussi imaginer une belle pluie d'or qui tombe délicatement sur vous en purifiant chaque particule de votre être, lui redonnant à la fois son unité en tant qu'être issu de la Source. Un amour sans joie est comme un soleil dont les rayons ne sauraient réchauffer le sol et ça commence par soi. Y a-t-il de la joie dans l'amour que vous vous portez d'abord? Valoriser la joie, c'est transformer mille et une choses du quotidien au lieu de résister.

Le bonheur n'est pas en devenir, mais plutôt en constante création. Toutefois, dans notre société, l'ego est plus connu que la conscience. L'essence de vie basée sur le corps, la conscience de soi dans sa dimension tant spirituelle que matérielle est parfois hors-norme pour certains. C'est le propre de l'ego, inutile de s'en faire.

La banalisation des petits moments de la vie

Cette banalisation nous prive de bien des sources de bonheur, de joie, de plaisir. Que ce soit savourer un repas, regarder un clair de lune, enfiler un vêtement propre et chaud, lire un bon livre, être touché par le sourire d'un vieillard ou de qui que ce soit, apprécier le bonheur d'être en vie, etc. Mais où sommes-nous dans tout ça? Attentifs ou éparpillés, dans une course contre la montre pour qui, pour quoi et dans quel but ultime?

La joie réelle n'est absolument pas une réaction extravertie et démonstrative à outrance. Non, elle se vit en soi, dans un état de calme, comme la récompense du travail accompli, même si je n'aime pas le mot travail quand on parle de se transformer de l'intérieur, mais on le comprend bien dans le contexte. La joie, c'est une succession de petits moments de conscience lumineuse. Accéder à cet état se fait pour soi. Il ne s'agit aucunement de dire oui à cette nouvelle avenue pour faire plaisir à une autre personne ou pour avoir bonne conscience.

Quand nous propageons de telles valeurs comme je suis en train de le faire ou que vous le faites autour de vous, je pense que nous sommes un peu comme une courroie de transmission qui accueille cette présence qui nous pousse à partager ce qui nous inspire tant. C'est un élan du cœur qui est là. Avec cette vision, on se donne le droit de s'offrir un horizon beaucoup plus large que celui auquel on a été accoutumé. N'ayez pas peur de dire que vous êtes différent, le monde a besoin de vous et de votre exemple. Félicitations !

On ne met pas les autres de côté quand on décide de se prendre en main ; au contraire, on devient des semeurs de bonheur et d'espoir dans un monde qui se cherche, mais qui évolue vers cette nouvelle conscience à une vitesse impressionnante.

Vivre avec le cœur

Est-ce possible ou est-ce le fruit d'une grande théorie ? Oui, c'est accessible à tous. Imaginez que dès maintenant, vous décidez de mettre de l'amour dans tout. Il est possible que ça ébranle légèrement de penser ainsi, mais c'est un peu ça, vivre avec le cœur. C'est être dans la douceur, ne rien forcer, mettre de l'amour dans les gestes du quotidien, à travers soi, remercier l'Univers pour ce qui est et reconnaître que dans cet état, on ouvre le canal aux solutions supérieures. On n'a en fait plus besoin de méditer ou de se recueillir autant, car la vie devient tout ça.

Juste pour le plaisir, pensez à un moment où vous vous êtes senti particulièrement bien ; la naissance de vos enfants, une rencontre, un voyage, etc. Prenez quelques bonnes respirations lentes et profondes, au moins trois, en imaginant que vous inspirez la lumière et expirez le bonheur. Mettez la main gauche sur votre cœur (ou la droite si vous êtes plus à l'aise) et entrez en contact avec ce souvenir intense de bonheur. Ressentez tout cet amour éprouvé à ce moment et laissez votre cœur se remplir de cette bonne énergie. C'est en prenant contact souvent avec cette sensation en soi qu'elle grandit naturellement et imprègne nos sensations et nos événements.

De l'amour juste pour vous

À partir de maintenant et pour l'ensemble de ma vie, je veux parsemer chaque geste, chaque pensée, chaque parole d'amour. Que chaque geste soit imprégné d'amour tout comme mes pensées et mes paroles. Même des gestes aussi simples que de laver la vaisselle, promener le chien ou boire un peu d'eau seront imprégnés de cette conscience. Je ressens la sensation dans mes bras, mes jambes, etc., lors de ces mouvements et ça m'amène dans la conscience pure.

Avec une telle attitude, vous remarquerez fort possiblement que des changements se feront dans vos relations, vos états d'âme, votre énergie, vos attitudes. Si la relation est difficile avec une personne, envoyez-lui cette énergie, c'est ce dont elle a le plus besoin, peut-être même sans s'en rendre compte.

Une perte d'emploi...

Vous perdez votre emploi ? Inutile d'en vouloir à l'employeur, au système, etc. Voyez-y plutôt le message derrière ou le cadeau déguisé au lieu de laisser l'ego faire la fête à vos dépens. Pas facile de subir une perte d'emploi quand on a des obligations financières, une famille, etc., mais tout ce qu'on a vécu dans le passé a trouvé une solution, il y en aura une aussi. On peut avoir une réaction de tristesse et de découragement passagère, mais avec une vision de la vie responsable, on rebondit.

Cette attitude attirera de meilleures perspectives, mais si on s'est laissé aller à blâmer, on tombera dans un nouveau milieu qui blâme, lui aussi. Peut-être que ce temps d'arrêt viendra protéger une santé qui en avait grandement besoin, qui sait? Voir la lumière et non l'ombre. C'est une occasion de demander à son cœur ce qu'il en est, en pratiquant le même petit exercice avec la main sur le cœur dont j'ai parlé plus haut, mais en posant ensuite la question voulue et en ressentant intuitivement la réponse à ce moment ou un peu plus tard, en le refaisant. Pratiquer et apprivoiser.

Dans le cas d'une perte d'emploi, peut-être que la personne n'était plus vraiment heureuse là et que c'est venu donner la poussée nécessaire pour passer à autre chose. La rage contre la situation crée des basses vibrations et c'est ça qui magnétise la suite si ce sentiment est entretenu, comme l'accueil fait le contraire positivement. Le fait que la personne reste enragée contre son employeur ne garantit pas à coup sûr qu'elle tombera sur un nouvel employeur du même style, mais il y a un doute qui se pointe.

Goûter au merveilleux!

La joie est la conséquence de l'attente du merveilleux. Cette attitude peut sembler difficile au début, car on demande au mental de s'exclure. On n'a pas à décider comment les choses vont s'arranger, mais juste à transmettre son intention et rester ouvert et en action. Quand on est dans le cœur, les choses se placent, elles coulent comme si elles venaient de la Source, et ce n'est pas juste comme si, c'est bien réel.

Quand on est dans le «il faut», on est dans la bataille, dans le mental. Si on dit: «J'ai le goût», on est dans le cœur. Si on dit: «Il faut être positif», ça force. Le mental est merveilleux pour amorcer l'analyse de situations, de problèmes, pour conduire une auto, danser, chanter, jouer de la musique, jouer à des jeux de société, choisir un vêtement, faire l'épicerie et les tâches de la vie courante; mais il est important qu'il s'efface au besoin. Quant au cœur, il est le porte-parole de notre intelligence supérieure.

Le but de l'existence est d'apprendre à aimer et à exprimer notre plein potentiel. L'attitude qui se traduit par la question « Qu'est-ce que je peux donner ? », au lieu de « Qu'est-ce que je peux prendre ? » est vraiment plus lumineuse dans l'élan du cœur et cela n'a rien à voir avec le matériel comme tel. Dans notre environnement, au travail plus spécifiquement, c'est bien plus ce que l'on est et ce qu'on apporte que ce que l'on fait. Je vous invite, dans les sept prochains jours, à considérer chaque personne comme la plus importante au monde, en sa présence pour le but de l'exercice, et à observer ce que cela crée comme sentiment chez vous et chez l'autre. C'est merveilleux !

Être connecté à soi, c'est comme brancher les deux fils qui peuvent ensemble faire de la lumière, de l'électricité. Sur le plan de la conscience, est-ce que nos fils sont bien branchés ? Est-ce que notre dimension spirituelle, qui est notre essence initiale, est bien connectée à ce qu'on est sur les plans physique, émotionnel et mental ? Il est plus facile de vivre heureux et en harmonie quand le tout travaille à l'unisson dans l'optique des plus belles réalisations.

Douceur pour le cœur

Ce texte résume l'essence de ce livre, je le trouve absolument magnifique.

Les trois portes de la sagesse

Un Roi avait pour fils unique un jeune Prince courageux, habile et intelligent. Pour parfaire son apprentissage de la Vie, il l'envoya auprès d'un Vieux Sage.

« Éclaire-moi sur le Sentier de la Vie, demanda le Prince.

— Mes paroles s'évanouiront comme les traces de tes pas dans le sable, répondit le Sage. Cependant, je veux bien te donner quelques indications. Sur ta route, tu trouveras trois portes. Lis les préceptes indiqués sur chacune d'entre elles. Un besoin irrésistible te poussera à les suivre. Ne cherche pas à t'en détourner, car tu serais condamné à revivre sans cesse ce que tu aurais fui. Je ne puis t'en dire plus. Tu dois éprouver tout cela dans ton cœur et dans ta chair. Va, maintenant. Suis cette route, droit devant toi. »

Le Vieux Sage disparut et le Prince s'engagea sur le Chemin de la Vie. Il se trouva bientôt face à une grande porte sur laquelle on pouvait lire :

« Change le monde. »

« C'est bien là mon intention, pensa le Prince, car si certaines choses me plaisent dans ce monde, d'autres ne me conviennent pas. » Et il entama son premier combat. Son idéal, sa fougue et sa vigueur le poussèrent à se mesurer au monde, à entreprendre de grandes choses, à conquérir l'ennemi, à modeler la réalité selon son désir. Il y trouva le plaisir et l'ivresse du conquérant, mais pas l'apaisement du cœur. Il réussit à changer certaines choses, mais beaucoup d'autres lui résistèrent. Bien des années passèrent.

Un jour, il rencontra le Vieux Sage qui lui demande :

« Qu'as-tu appris sur le chemin ?

— J'ai appris, répondit le Prince, à discerner ce qui est en mon pouvoir de ce qui m'échappe, ce qui dépend de moi de ce qui n'en dépend pas.

— C'est bien, dit le Vieil Homme. Utilise tes forces pour agir sur ce qui est en ton pouvoir. Oublie ce qui échappe à ton emprise. »

Et il disparut. Peu après, le Prince se trouva face à une deuxième porte. On pouvait y lire :

« Change les autres. »

« C'est bien là mon intention, pensa le Prince. Les autres sont source de plaisir, de joie et de satisfaction, mais aussi de douleur, d'amertume et de frustration. » Et il s'insurgea contre tout ce qui pouvait le déranger ou lui déplaire chez ses semblables. Il chercha à infléchir leur caractère et à extirper leurs défauts. Ce fut là son deuxième combat. Bien des années passèrent.

Un jour, alors qu'il méditait sur l'utilité de ses tentatives de changer les autres, il croisa le Vieux Sage qui lui demanda :

« Qu'as-tu appris sur le chemin ?

— J'ai appris, répondit le Prince, que les autres ne sont pas la cause ou la source de mes joies et de mes peines, de mes satisfactions et de mes déboires. Ils n'en sont que les révélateurs ou l'occasion. C'est en moi que prennent racine toutes ces choses.

— Tu as raison, dit le Sage. Par ce qu'ils réveillent en toi, les autres te révèlent à toi-même. Sois reconnaissant envers ceux qui font vibrer en toi joie et plaisir. Mais sois-le aussi envers ceux qui font naître en toi souffrance ou frustration, car à travers eux la Vie t'enseigne ce qui te reste à apprendre et le chemin que tu dois encore parcourir. »

Et le Vieil Homme disparut. Peu après, le Prince arriva devant une porte où figuraient ces mots :

« Change-toi toi-même. »

« Si je suis moi-même la cause de mes problèmes, c'est bien ce qui me reste à faire », se dit le Prince. Et il entama son troisième combat. Il chercha à infléchir son caractère, à combattre ses imperfections, à supprimer ses défauts, à changer tout ce qui ne lui plaisait pas en lui, tout ce qui ne correspondait pas à son idéal. Après bien des années de ce combat où il connut quelques succès, mais aussi des échecs et des résistances, le Prince rencontra le Sage qui lui demanda:

«Qu'as-tu appris sur le chemin?

— J'ai appris, répondit le Prince, qu'il y a en nous des choses qu'on peut améliorer, d'autres qui nous résistent et qu'on n'arrive pas à briser.

— C'est bien, dit le Sage.

— Oui, poursuivit le Prince, mais je commence à être las de me battre contre tout, contre tous, contre moi-même. Cela ne finira-t-il jamais? Quand trouverai-je le repos? J'ai envie de cesser le combat, de renoncer, de tout abandonner, de lâcher prise.

— C'est justement ton prochain apprentissage, dit le Vieux Sage. Mais avant d'aller plus loin, retourne-toi et contemple le chemin parcouru.»

Et il disparut.

Regardant en arrière, le Prince vit dans le lointain la troisième porte et s'aperçut qu'elle portait sur sa face arrière une inscription qui disait:

«Accepte-toi toi-même.»

Le Prince s'étonna de ne point avoir vu cette inscription lorsqu'il avait franchi la porte la première fois, dans l'autre sens. «Quand on combat, on devient aveugle», se dit-il. Il vit aussi, gisant sur le sol, éparpillé autour de lui, tout ce qu'il avait rejeté et combattu en lui: ses défauts, ses ombres, ses peurs, ses limites, tous ses vieux démons. Il apprit alors à les reconnaître, à les accepter, à les aimer. Il apprit à s'aimer lui-même sans plus se comparer, se juger, se blâmer. Il rencontra le Vieux Sage qui lui demanda :

« Qu'as-tu appris sur le chemin ?

— J'ai appris, répondit le Prince, que détester ou refuser une partie de moi, c'est me condamner à ne jamais être en accord avec moi-même. J'ai appris à m'accepter moi-même, totalement, inconditionnellement.

— C'est bien, dit le Vieil Homme, c'est la première Sagesse. Maintenant tu peux repasser la troisième porte. »

À peine arrivé de l'autre côté, le Prince aperçut au loin la face arrière de la seconde porte et y lut :

« Accepte les autres. »

Tout autour de lui, il reconnut les personnes qu'il avait côtoyées dans sa vie ; celles qu'il avait aimées comme celles qu'il avait détestées. Celles qu'il avait soutenues et celles qu'il avait combattues. Mais à sa grande surprise, il était maintenant incapable de voir leurs imperfections, leurs défauts, ce qui autrefois l'avait tellement gêné et contre quoi il s'était battu.

Il rencontra de nouveau le Vieux Sage :

« Qu'as-tu appris sur le chemin ? demanda ce dernier.

— J'ai appris, répondit le Prince, qu'en étant en accord avec moi-même je n'avais plus rien à reprocher aux autres, plus rien à craindre d'eux. J'ai appris à accepter et à aimer les autres totalement, inconditionnellement.

— C'est bien, dit le Vieux Sage. C'est la deuxième Sagesse. Tu peux franchir à nouveau la deuxième porte. »

Arrivé de l'autre côté, le Prince aperçut la face arrière de la première porte et y lut :

« Accepte le monde. »

« Curieux, se dit-il, que je n'aie pas vu cette inscription la première fois. » Il regarda autour de lui et reconnut ce monde qu'il avait cherché à conquérir, à transformer, à changer. Il fut frappé par l'éclat et la beauté de toute chose. Par sa perfection. C'était pourtant le même monde qu'autrefois. Était-ce le monde qui avait changé ou son regard ? Il croisa le Vieux Sage qui lui demanda :

« Qu'as-tu appris sur le chemin ?

— J'ai appris, dit le Prince, que le monde est le miroir de mon âme. Que mon âme ne voit pas le monde, elle se voit dans le monde. Quand elle est enjouée, le monde lui semble gai. Quand elle est accablée, le monde lui semble triste. Le monde, lui, n'est ni triste ni gai. Il est là ; il existe, c'est tout. Ce n'était pas le monde qui me troublait, mais l'idée que je m'en faisais. J'ai appris à l'accepter sans le juger, totalement, inconditionnellement.

— C'est la troisième Sagesse, dit le Vieil Homme. Te voilà à présent en accord avec toi-même, avec les autres et avec le monde. »

Un profond sentiment de paix, de sérénité et de plénitude envahit le Prince. Le Silence l'habita.

« Tu es prêt, maintenant, à franchir le dernier Seuil, dit le Vieux Sage, celui du passage du silence de la plénitude à la Plénitude du Silence. Et le Vieil Homme disparut.

Texte de Charles Brulhart

Sourire, ça fait du bien !

Cendrillon

L'autre jour, maman en a eu assez d'avoir à ramasser tous ces jouets qui encombrent les pièces de la maison. Elle dit aux deux plus grands :

« Vous allez m'aider ! Nicolas, tu vas dans la salle de jeu et tu ranges tous les jouets qui y traînent. Toi, Myriam, tu ranges votre chambre. Tout de suite et pas de discussion ! »

La colère de maman se change vite en fou rire quand, occupée dans la pièce d'à côté, elle entend Myriam, 4 ans, bougonner :

« Du ménage, toujours du ménage ! Faire mon lit, ramasser des jouets... C'est moi la Cendrillon dans cette maison ! »

Conclusion

Merci d'avoir pris le temps de parcourir ces pages et j'espère de tout cœur que ces messages auront été porteurs de paix, d'amour et de joie sous le soleil de la conscience qui illumine la vie. Parler de la vie donnerait lieu à l'écriture de milliers de livres et on n'en finirait jamais. L'ego, la présence à soi, la conscience sont tous des sujets d'envergure. Ce que je trouve toujours particulier dans l'écriture d'un livre, c'est de choisir ce qui y sera abordé. Il y a tellement de possibilités, d'angles pour le faire.

C'est pourquoi je me suis laissé guider par ce qui montait au fur et à mesure en moi, par mes observations et mes expériences de vie, pour garder le plus possible un côté personnel à ce livre. Le but premier n'a pas été d'en faire un outil pour changer les autres ou le monde, même si j'ai effleuré le sujet quelques fois en affirmant que si chacun de nous embellit son intérieur, le monde extérieur va changer au fil du temps. L'essence principale, comme vous avez pu le constater, a été axée sur l'art de prendre soin de soi, de grandir sous le miroir de ce qui nous entoure, de ce qui nous arrive et d'aimer la vie.

Le but n'était pas non plus d'aborder les droits humains, les droits sociaux ou autres défis de société. Quand on parle de l'ego, il pourrait être facile de s'enliser dans des théories, d'interpréter les réactions humaines de mille et une façons. On ne peut changer directement les points de vue des gens, les types d'interrelations collectives. Par contre, c'est dans une conscience de paix, de saine communication et d'harmonie que les grands débats pour l'avancement heureux de la société pourront de plus en plus trouver un aboutissement sain et porteur de renouveau. À chacun de contribuer à construire cette belle route menant à une nouvelle énergie qui se répand au milieu de plus en plus de gens maintenant. Oui, les temps changent et je pense que, malgré les apparences, ce sera pour le mieux au fil des années; j'ose y croire sincèrement.

Parlant d'ego, retenons que ce n'est aucunement quelque chose de négatif en soi. C'est une façon d'être qui se loge en chacun de nous et qui s'exprime différemment parce qu'avec le temps nous avons été influencés par bien des choses qui ont forgé notre personnalité et nous ont obligés à prendre notre place comme nous pouvions. Ainsi, on se forge des mécanismes de défense en empruntant des modèles ici et là, on se bâtit un corps de souffrance qui devient parfois lourd à porter, et la vie passe.

Je vous invite à lire ce livre une seconde fois ou à l'ouvrir au hasard de temps en temps, à en ressentir les messages faire leur chemin au plus profond de vous. Prenez plaisir à vous dorloter toujours plus dans la vibration de ce langage du cœur qui enrichit la vie. L'important est d'y aller à son rythme, mais avec constance. Le faire par amour pour soi, sachant que les résultats seront de précieux cadeaux enfin déballés.

Je vous encourage à partager ce livre avec vos parents et amis pour qui cela pourrait être avantageux, et en fonction de leur ouverture présente, bien entendu. Je vous souhaite toute la douceur possible au cœur de votre oasis intérieure. Joie profonde, calme, harmonie sont des phares de bonheur précieux, et on est tous capables de se les donner à la faveur des petits gestes du quotidien, dans l'ouverture à la conscience du moment présent. Je vous invite à continuer de vous accueillir dans ce que vous êtes en tous points, à laisser une possible vulnérabilité vous accompagner en toute sensibilité sur la voie de l'amour de soi et des plus grands accomplissements souhaités.

Que chaque jour soit une invitation à faire place à la paix, à l'amour et à la joie, et que votre cœur d'enfant se laisse aller à faire jaillir ses plus belles étincelles de vie. Là-dessus, je vous félicite pour tout ce temps consacré à votre sagesse intérieure. Bonne route et merci d'avoir partagé ces moments avec moi.

Bibliographie

Beaudet, Lorne. *Rendez-vous heureux,* Lévis, Éditions de la francophonie, 2010.

Bourbeau, Lise. Infolettre d'Écoute ton corps n° 102.

Canfield, Jack et D. D. Watkins. *La clé pour vivre selon la loi d'attraction,* Éditions AdA, Varennes, 2008.

Carlson, Richard. *Ne vous noyez pas dans un verre d'eau,* Neuilly-sur-Seine, Éditions Michel Lafon, 1999.

Meurois, Daniel et Anne Givaudan. *Wésak,* Montréal, Éditions Le Perséa, 1999.

Pradervand, Pierre. *Plus jamais victime,* Saint-Julien-en-Genevois (France), Éditions Jouvence, 2001.

Ruiz, Don Miguel. *Les quatre accords toltèques,* Saint-Julien-en-Genevois (France), Éditions Jouvence (en poche), 2005.

Scovel Shinn, Florence. *Le jeu de la vie,* Paris, Éditions Astra, 7e édition, c1925, 1973.

Sévigny, Yves. *Le défi de la joie,* Loretteville, Éditions le Dauphin blanc, 2006.

Tolle, Eckhart. *Mettre en pratique le pouvoir du moment présent,* Outremont, Éditions Ariane, 2002.

Tolle, Eckhart. *Nouvelle Terre,* Outremont, Éditions Ariane, 2005.

Références Internet

http://www.alchymed.com

http://www.autresdimensions.com/

http://www.eveildeschakras.com

http://lapleineconscience.com/

http://legrenierdebibiane.com/

http://www.croyancesdebase.com/lacher.html

http://www.dicocitations.com/auteur/1532/Albert_Einstein.php

http://www.energie-sante.net

http://www.hihoha.com/blagues-en-vrac/-/2

http://www.lapetitedouceur.org/

http://www.lespasseurs.com

http://www.omegatv.tv/video/1757650117/psychologie/profilspsy/profil-psy--comment-reperer-une-personnalite-manipulatrice-.php

http://www.sante-vie-positive.org/stress-non-merci/les-cinq-techniques-pour-toujours-rester-calme.html

http://www.serendipites.net/

Médias divers

Wayne W. Dyer. *Il existe une solution spirituelle à tous vos problèmes,* Carignan, Éditions Alexandre Stanké, Collection Coffragants, 2003 (livre audio).

Hay, Louise L. et Michael Goorjian. *Vous pouvez guérir votre vie, le film,* Lac Beauport (Québec), Cado Productions, 2008.

Marcelino, Don. Ses propos lors d’une conférence entendue.

Table des matières

Achevé d'imprimer au Canada
sur papier 30 % recyclé
sur les presses de Imprimerie Lebonfon Inc.

procédé sans chlore

30 % post-consommation

archives permanentes